西格蒙德・佛洛伊德 著
Sigmund Freud
周珺 譯

超越快樂原則

佛洛伊德經典選輯

死之本能×愛與催眠×野蠻群眾，
佛洛伊德告訴你，內在衝突從何而來？

BEYOND THE PLEASURE PRINCIPLE

從童年創傷到夢中重現，記憶是如何編織我們的痛苦？
進入群體心理，洞察領袖魅力與群眾盲從的根源

經典三書剖析人性，重新思考內在與社會

目錄

超越快樂原則

第一章　快樂原則 ………………………………… 007

第二章　創傷重演 ………………………………… 013

第三章　強迫性重複 ……………………………… 021

第四章　灰質 ……………………………………… 029

第五章　死之本能 ………………………………… 043

第六章　矛盾與連繫 ……………………………… 055

第七章　結論 ……………………………………… 077

群眾心理學與自我分析

第一章　導論 ……………………………………… 083

第二章　勒龐的群眾心理 ………………………… 087

第三章　其他關於群眾心理生活的論述 ………… 099

第四章　暗示 ……………………………………… 107

第五章　教會和軍隊 ……………………………… 113

第六章　其他問題 ………………………………… 121

003

目錄

第七章　關於認同作用⋯⋯⋯⋯⋯⋯⋯⋯⋯⋯⋯⋯⋯ 127

第八章　愛和催眠⋯⋯⋯⋯⋯⋯⋯⋯⋯⋯⋯⋯⋯⋯⋯ 135

第九章　人的群居本能⋯⋯⋯⋯⋯⋯⋯⋯⋯⋯⋯⋯⋯ 143

第十章　原始部落⋯⋯⋯⋯⋯⋯⋯⋯⋯⋯⋯⋯⋯⋯⋯ 151

第十一章　等級區分⋯⋯⋯⋯⋯⋯⋯⋯⋯⋯⋯⋯⋯⋯ 159

第十二章　附錄⋯⋯⋯⋯⋯⋯⋯⋯⋯⋯⋯⋯⋯⋯⋯⋯ 165

自我與本我

前言⋯⋯⋯⋯⋯⋯⋯⋯⋯⋯⋯⋯⋯⋯⋯⋯⋯⋯⋯⋯ 179

第一章　意識和無意識⋯⋯⋯⋯⋯⋯⋯⋯⋯⋯⋯⋯⋯ 181

第二章　本我⋯⋯⋯⋯⋯⋯⋯⋯⋯⋯⋯⋯⋯⋯⋯⋯⋯ 189

第三章　超我⋯⋯⋯⋯⋯⋯⋯⋯⋯⋯⋯⋯⋯⋯⋯⋯⋯ 199

第四章　生死本能⋯⋯⋯⋯⋯⋯⋯⋯⋯⋯⋯⋯⋯⋯⋯ 211

第五章　依賴關係⋯⋯⋯⋯⋯⋯⋯⋯⋯⋯⋯⋯⋯⋯⋯ 221

附錄 A —— 兩種無意識

附錄 B —— 性慾大倉庫

超越快樂原則

超越快樂原則

第一章

快樂原則

在精神分析理論中，我們堅信，心理事件所帶來的心理過程是由快樂原則自動調節的。應當說，這些心理事件之所以會發生，是由某種不愉快的緊張狀態所引起的。這些心理事件最終要克服這種緊張，從而達到避免不快樂或是產生快樂的結果。我們的研究主題是心理過程，在研究時上述的過程也包含於考量範圍中，因此把「經濟的」觀點放進研究中。如果在描述心理過程時，除了考量到「局部解剖學」和「動力學」的因素以外，還盡可能去思考這種「經濟的」因素影響，那麼我認為，此處所能提出的將是迄今為止最為完整的描述，可以賦予它專門的術語「後設心理學」[001]。

我們關心的不是這個關於快樂原則的設想與歷史上某個已被接受的哲學體系相差幾何，或者吸收了多少其觀點。而是透過對自身研究領域中觀察到的事實進行描述和解釋，因而獲得這些假設。優先性和原創性並不是精神分析研究要樹立的目標，但構成快樂原則假設的基礎所依據的印象是如此精準無

---

[001] 參見〈無意識〉(*The Unconscious*, 1952 年) 第 4 節。

誤，我們無法視而不見。換一個角度來說，我們應當感謝那些哲學理論以及心理學理論，正是它們把強烈影響人們快樂與不快樂感受的意義告訴我們。然而非常遺憾，在這方面並沒有得到具有實質意義的收穫。這是心理學方面最模糊、最難理解的地帶。既然非得要研究它，那依我看，最不僵化的假設就是最適合的假設。我們已經決定在探討快樂和不快樂時，將其連結至存在於心裡不受任何限制的興奮程度[002]，不快樂與興奮程度的增加一致，快樂與興奮程度的減少一致。這種關聯的建立，並不代表快樂和不快樂的強烈程度與興奮程度的增減之間是單純的關係。根據心理生理學知識，不能認為它們之間的關係呈現正比，決定這種感情的因素可能是特定時期內興奮程度的增減。實驗在這裡發揮了應有的作用，但是在沒有明確的觀察事實作為引導的情況下，分析學家想要探討更進一步的問題，並不理智。[003]

我們發現的一項事實，就是費希納（G. T. Fechner）這位具有深刻洞察力的研究者在關於快樂與不快樂的問題上提出的觀點，均與精神分析研究迫使我們相信的觀點不謀而合，這引起我們極大的關注。費希納在其短篇論著《關於有機體的產生史和發展史的幾點想法》（*Zur Geschichte der Schöpfung: Fünfzehn Vorlesun-*

---

[002]　興奮的「數量」和「限制」的概念，在佛洛伊德所有文獻中出現頻率極高。在他早期的著作《科學心理學設計》（*Project for a Scientific Psychology*, 1950 年a[1895年]）中的論述大概是這方面最翔實的著作，特別是該書第 3 章第 1 節的結尾部分，針對關於「限制」術語所進行的長篇討論。

[003]　參見《受虐狂的心理經濟問題》（*The Economic Problem of Masochism*, 1924 年）。

第一章　快樂原則

gen über die Entstehung der Organismen, 1873 年, 第 11 部分, 附錄第 94) 中說:「只要意識的衝動始終與快樂和不快樂產生連繫,那麼就可以認為,快樂和不快樂與穩定和不穩定之間具有心理物理學的關係。這個觀點為我另一個計畫單獨進行詳細闡述的假設奠定基礎。根據這個假設,產生於意識閾值(threshold of consciousness)內的每種心理物理活動,在接近完全的穩定性並超過一定限度時,就會產生一定比例的快樂;而當它背離完全的穩定性並超過一定限度時,就會產生一定比例的不快樂。以上兩種狀態的限度可稱為快樂和不快樂的數質閾限,在兩者之間則是一個空白地帶,對審美的平靜狀態……」[004] 使我們相信快樂原則主導日常心智活動的事實,也適用於下面這種假設:心理結構努力地使自己內部的興奮程度控制在最低限度,或者至少保證其不再增加。這不過是對快樂原則的另一種表述方式罷了。即,如果心理結構的執行意圖就是將興奮程度降低到最低限度,那任何導致興奮程度增加的事物,都會被認為是違背這一機能的,即不快樂的東西。由恆常性原則(principle of constancy)可以推導得出快樂原則。事實上,恆常性原則又是從迫使我們承認快樂原則的事實中推論出來的 [005]。另外,還有更詳盡的討論能夠說明,被認為由心理結構產生的這種傾向,也可以作為費希納「尋求穩定傾向」原則的一項例證。費希納已經把

---

[004]　參見《科學心理學設計》第一部分第 8 節結尾。在這裡「審美」一詞是基於「與感覺或知覺之關係」的先決含義使用。
[005]　參見《歇斯底里研究》(Studien über Hysterie)和《科學心理學設計》。

快樂和不快樂的感受與這個原則緊密連結在一起了。

必須明確指出的是，快樂原則主導心智活動過程的說法並不正確。如果這種主導作用真的存在，那麼大部分的心理過程必定伴隨著快樂或達到快樂的結果。然而我們的經驗顯示，事實恰恰與這個結論相悖。那麼，只能退一步描述，在人心中具有遵循快樂原則的傾向，但由於它會受到其他外力或是因素的阻礙，所以最終導致的結果不能總是和達到快樂的趨向一致。關於此，可以對照針對類似問題費希納做出的評論：「這種趨向於一個目標的傾向，並不代表能達到那個目標，整體來說，只能近似於達到目標……」

如果現在轉過來研究什麼因素會阻礙快樂原則發揮作用，便會發現又處在熟悉且具有充分根據的形勢下。在提出結論時，有大量分析的經驗可以派上用場。第一個可以以這種方式阻礙快樂原則的例子很常見，且正在有規律地發生著。我們知道，快樂原則是心理結構運行的特有方式，但從身處外部世界各種困難當中的有機體之自我生存角度看來，這種方法的效果微乎其微，甚至於有相當程度的危險性。在自我生存的影響下，現實原則取代了快樂原則。[006]

現實原則並非放棄獲得最終快樂的目標，而是選擇延緩實現這一滿足，放棄許多可以實現滿足的途徑，在通往快樂的漫

---

[006] 參見《心理功能的兩個原則詳析》(*Formulierungen über die zwei Prinzipien des psychischen Geschehens*, 1911 年)。

第一章　快樂原則

長又迂迴的道路途中，暫時容忍不快樂的存在。但是快樂原則會長久且頑強地存在下去，它是性本能的運作方式之一，這種性本能完全無法被「馴化」，無論是從性本能出發，還是從自我本身來說，快樂原則時常衝擊現實原則，造成有機體整體的傷害。

但是，以現實原則取代快樂原則，只能解釋很小一部分，而且並不算是最強烈的不快樂體驗。自我在向複合度更高的組織發展時，也經常會出現另一種規律的不快樂情感迸發狀況，出現在心理結構內部產生的衝突及矛盾中。心理結構所承載的所有能量，幾乎都來自內部的本能衝動，而不是全部的本能衝動都可以達到一樣的發展階段。這樣的情況可能反覆地發生：個別或部分的本能和另一批能夠聯合進入自我的包容性統一體本能，在目的或者要求方面無法達到一致，於是透過壓抑的過程離開了那個統一體，停留在精神發展較低的階段，導致從一開始就喪失了獲得滿足的可能性。即使這個本能接下來經過曲折坎坷的過程後，充滿艱辛地成功獲得滿足乃至滿足的替代品（這在受壓抑的性本能身上經常發生），這種在其他情境下可以獲得快樂感受的契機，自我卻將其處理為不快樂的感受。恰好這時，舊的衝突被壓抑而告終，在一股新的本能依據快樂原則而尋求快樂時，違背快樂原則的狀況出現了。有關壓抑是如何把本來可能可以獲得的快樂變成不快樂，這個過程人們還無法詳盡地描述出來，可能理解得還不夠清楚。不過不用懷疑，所

有精神官能症的不快樂都來自這種不快樂，也就是沒有能力把快樂感受為快樂。[007]

剛才講到的兩種帶來不快樂的根源，遠不足以概括大多數不快樂的經驗。但是以其餘經驗來說，我們的論據足以說明，它們的存在和快樂原則的主導作用毫不衝突。人們體驗到的大部分不快樂都是知覺上的不快樂。它們可能是對因本能未能得到滿足而引起壓力的感知，也可能本來就是痛苦的，或者是使心理結構產生不快樂預期（即被心理結構辨識為「危險」）的外部知覺。這些本能要求和對危險感到威脅而做出的反應，才是心理結構正常的反應活動，這樣就能正確地得到快樂原則的引導，也能受到對快樂原則有所改動的現實原則的引導。如此一來，就沒有必要限制快樂原則的應用範圍。此外，研究對外部危險做出的心理反應，正好能夠為當前所討論的主題，提供新的研究資料和提出新的問題。

---

[007] 毫無疑問很重要的一點是，快樂與不快樂作為有意識的感受，都與這個自我有關聯。

第二章

創傷重演

有一種人們早已熟知而且具有記載的狀況,它通常發生在劇烈的物理衝擊、鐵路事故,以及其他危及生命的意外之後,人們把它稱作「創傷性精神官能症」(traumatic neurosis)。不久前剛結束的那場可怕的戰爭導致許多人罹患這種疾病。不過,這場戰爭終於讓人們不再將這種心理異常現象歸咎於純物理力量導致的神經系統器質性損傷[008]。創傷性精神官能症表現出的症狀,有大量類似於動作症狀,這也是它接近歇斯底里症的方面之一。不同的是它帶有顯著的主體失調特徵(也就是說很像慮病症和憂鬱症),還展現出整體性的心理衰弱甚至精神功能障礙現象。不論是戰爭導致的精神官能症,還是和平時期發生的創傷性精神官能症,截至目前並沒有人提出全面合理的解釋。發生在戰爭性精神官能症中的某些狀況,讓人們既有所領悟,又感到疑惑不解,因為一些病症是在沒有受到物理傷害的情形下產

---

[008] 參見佛洛伊德、費倫齊(Ferenczi)、亞伯拉罕(Abraham)、西梅爾(Simmel)和鐘斯(Jones)關於戰爭性精神官能症的討論(1919年),佛洛伊德還為它編寫了導言(1919年)。亦可見於佛洛伊德逝世後發表的〈關於對戰爭性精神官能症進行電療的報告〉(*Gutachten über die elektrische Behandlung der Kriegsneurotiker*)。

生的。一般的創傷性精神官能症有兩個明顯特徵可供參考：第一個，致病的根源主要是驚嚇產生的恐懼結果；第二個，在受傷的同時，一旦沒有進行相應的精神官能症預防措施，就會產生不良後果。「驚嚇」（fright）、「恐懼」（fear）和「焦慮」（anxiety）[009] 常被人們當作同義詞使用，但其實並不恰當，對於跟危險的關係方面，它們的差異十分明顯。

「焦慮」是面對危險的特殊狀態：預感危險來臨，準備加以防範，但是對將遇到什麼樣的危險完全不清楚。「恐懼」則需要有個讓人感到害怕的明確對象。「驚嚇」這個詞對應的情形，是人在遭遇危險時，完全沒有心理準備，著重強調「驚」這一點。我的觀點是焦慮不可能導致創傷性精神官能症，因為焦慮是在保護主體，防止其受到驚嚇，也抵禦了驚嚇性精神官能症。以後會再次對這個問題進行探討。

關於夢的研究，可以把它視為探究內心深層心理過程最可靠的方法。在創傷性精神官能症患者的夢中，患者反覆置身於到曾遭受的災難情景中。隨之而來的驚恐再次衝擊，致使他從夢中驚醒。人們面對這樣的現象已經是見怪不怪，他們認為，經歷過的創傷即使在患者睡夢中也會向他施予壓迫，這個事實證明這種創傷力量的強大，並且患者已經將它固著於精神層面。病患深陷引起其病徵的過往事件，這個現象在研究歇斯底里症時就已經為人熟知。布洛伊爾（Josef Breuer）和佛洛伊德（Sig-

---

[009]　德文原文：「Schreck」、「Furchi」和「Angst」。

第二章 創傷重演

mund Freud）在西元 1893 年就提道：「歇斯底里症的患者基本上糾結在回憶所帶來的痛苦裡。」[010] 費倫齊和西梅爾等研究者，透過對戰爭性精神官能症的觀察，已能夠解釋患者對曾遭受創傷情景的固著，以及某些動作症狀。

然而，我從沒有發現創傷性精神官能症患者會在清醒的時候回憶起當時遭遇的意外，清醒時他們反而會更努力地避免想起它。可能有人認為，患者睡著以後做夢回到造成他發病的那個事件中是符合情理的，無須再進行討論。如果是這樣的話，他就真的誤解了夢的本質。只有當夢境呈現給患者他患病之前健康的樣子，或是如他所願治癒後的樣子，才符合夢的本質。我們始終相信夢的要旨，是滿足做夢者的願望。可能創傷性精神官能症患者的夢動搖了這個信條，那麼不妨這樣做：來論證，做夢的功能是否和某些其他的功能一樣，在這種條件下被打亂，因而走上相反的道路。再或者必須追查自我存在的神祕受虐狂傾向。[011]

創傷性精神官能症這個題目既沉悶又模糊，我想暫時把它放下，先來研究心理結構在初始常態下遵循的活動方式——兒童在遊戲當中所採用的心智活動方式。

針對兒童遊戲，人們做出很多相關的理論解釋，但直到最

---

[010] 參見〈歇斯底里現象的心理機制〉（*Ueber den Psychischen Mechanismus Hysterischer Phänomene*）第 1 節結尾。

[011] 參見《夢的解析》（*Die Traumdeutung*, 1900 年 a），《標準版全集》（*The Standard Edition of the Complete Psychological Works of Sigmund Freud*）第 5 卷第 550 頁以後。

近才由普法伊費爾（Pfeifer, 1919 年）從精神分析的理論角度做出分析，並進行總結。希望讀者們能看一看他寫的文章。那些理論寄望發現激起兒童遊戲行為的動機，但是它沒有把經濟的因素作為首要切入點，就是玩遊戲能帶來快樂的這個動機。我不會對包含這類現象的所有領域做論斷，只是因為一個巧合，使我得以對一個一歲半的小男孩自己設計的第一個遊戲提出我的觀點。在提出觀點前，我的觀察時間很充足，因為我和這個小男孩以及他的父母住在同一棟房子好幾個星期，並且經過很長一段時間，我才明白他那難以捉摸又不斷重複的行為的意義。

這個小男孩的智力發展一點都沒有早熟的特徵。一歲半的他只能說出幾個意思準確的詞語，還能透過發出有特別含義的聲音，讓熟悉他的人聽懂。不過他可以和父母以及一個年輕女傭相處得很好，並被他們誇獎為「好孩子」。他從不在夜裡打擾他的父母，能夠服從大人說的話，不動不該動的東西，不進不該進的房間。特別的一點是，就算他的母親離開幾個小時，他也不會哭鬧。同時，他又很依戀母親，母親以前自己哺育他、照料他，沒有假手他人。然而這個好孩子卻時常會做出些讓大人感到無奈的事情：凡是他的小手能夠抓到的小物件，他都要扔到屋子的角落，或床底下等。因此，女傭常要花費一番工夫尋找和收拾這些東西。他在扔東西時，口中還會發出拖長音的「噢——喔——」，這時他的臉上會帶有興奮和滿足的表情。孩子的媽媽以及筆者都認為，這不是簡單的喊叫，而是代表德

第二章　創傷重演

文中「不見了」這個詞。最終我明白，這是他在玩的一個遊戲，對於這個小男孩來說那些小玩意的用處，就是拿來玩「不見了」的遊戲。有一天，我進一步觀察以印證自己的想法。小男孩有一個纏著線的線軸，他沒有玩過像是拿著線繩拖著線軸在地板上走、類似拉小車的遊戲。他的玩法是抓住軸上的線，拿起線軸熟練地扔過鋪著毯子的小搖床床沿，線軸掉進床裡他就看不見了，並在這時發出「噢――喔――」的聲音。接下來他開始拽著線繩把線軸拉出床外，再次看到線軸時，他發出「噠」（「出來了」的意思）的一聲歡呼。如此這般，一整套遊戲便就此完成――消失和再現。第二個階段的行為蘊含著更大的快樂，但通常情況下，人們只注意到第一階段的行為，小男孩把這個階段的動作作為自己的遊戲，樂此不疲地重複著。[012]

　　如此一來，就可以明確解讀這個遊戲意義的解讀。它與這個小孩自身在修養方面的成長有關，表現在當媽媽離開時，他能做到不哭鬧這種本能的自我克制（即，對本能滿足的自我克制）。他以操縱手中的玩具進行消失又重現的情節轉換，來補償本能滿足的需求。至於這個遊戲是孩子自己發明的，還是受到他人啟發，相對於判斷這個遊戲展現出來的本質來說，倒是

---

[012]　在之後的觀察中，發現一個新現象得以證實這個說法。有一天，他母親離開男孩外出了一段時間，當她回到家中聽見孩子「小寶貝，哦……哦」的聲音，她很納悶這是什麼意思。過了沒多久便得到答案，小男孩在長時間的獨處中，學會了讓自己消失的玩法：有一面很高的穿衣鏡，它的下沿與地面有一點距離，小男孩在鏡中看見自己的鏡像，只要他趴低，自己的鏡像就會「不見了」。（在《夢的解析》一書中，有關於這個事例更詳盡的解釋。參見《標準版全集》第5卷第461個注。）

一點也不重要。我們把興趣指向另外一方面：這個小孩絕不可能把媽媽的離開視為值得欣喜的事，或者不把它當一回事。那麼，對於他藉由遊戲一次次重新體驗這個令他不快的場景，該如何解釋與快樂原則的一致性呢？相信會出現這樣的解釋：媽媽離開是其返回時令人愉悅的情境必要的前奏，這個遊戲的目的正在於得到媽媽回到身邊的體驗。但是，代表母親離開的第一階段行為，占據多數戲份，比起那段感到快樂的第二階段行為更常出現，這個現象和上述解釋相悖。

僅僅透過對一個例項的分析，還無法得出肯定的結論。不帶有偏見地看待問題，則可以獲得這個概念：小男孩一定是源於另一種動機，因而才把他的體驗感受轉變成一種遊戲行為。起初，他處在完全被動的形勢下，這種體驗把他壓倒；但是在以遊戲方式重複這種體驗的過程中，他占據了主動地位，雖然重複體驗的是不快樂的感受。這種轉變的發生該歸因於想要取得控制地位的本能，不管記憶本身是否快樂，這個本能都會發揮作用。然而，有人可能試著得到這種結論：小男孩實行他的「不見了」遊戲，只是在抵抗剛剛受到的壓抑，是對母親離開這一現實的報復。若是在這樣的假設下，他的遊戲行為就充滿挑戰含意：「那好，就這樣。我不需要你了，讓我親手送你離開！」過了一年後，還是這個我曾觀察過的小男孩，如果他對某個玩具發火，就會抓起它並扔在地板上，嘴裡唸道：「把你送到前線去！」這是因為他聽大人說，父親如果不在家的話，就是「到前

線」去了。爸爸的離去一點都沒有使他感到難過，相反地，他的舉動清楚地表明，他不希望父親的存在干擾他獨占母親。[013] 我們知道還有很多這樣的兒童，用丟東西代替懲罰人，以此發洩帶有敵意的衝動。一個問題由此縈繞在我們的心頭：在內心不斷回放一種無法抗拒的體驗，想透過此途徑控制這種體驗的衝動，是否可以視為不受快樂原則約束的代表性事件？剛才一直討論的那個例子裡，男孩只能用遊戲重複不快樂的感受，因為這個重複行為同樣能帶來另一種快感，這是一種直接的快樂。

即便再深入研究兒童的遊戲行為，也無法幫助我們在兩種看法中間停止徘徊。顯然，孩童們在遊戲中重複現實生活中印象深刻的每件事情，並且在同時發洩這類印象的力量，這就像有些人的理論，他們使自己成為那個情境的主宰。從另一個角度來說，孩童所有這些行為都是受到希望處於支配地位的願望影響，也就是希望自己快點長大，能做大人所做的一切事情。我們可以看到，帶來不快感受的體驗並非不能成為遊戲內容。如果孩子在醫生那做了喉嚨檢查，或者動了個小手術，我可以肯定，這些可怕的體驗將成為他們下一個遊戲的主題。不可以忽略這個方面的事實：進行這樣的遊戲能從另一個根源產生快樂。孩子在遊戲中，從不快體驗的被動承受者轉變成為主動施加者，在把不快體驗轉嫁到他者身上時，用替代物進行報復。

---

[013] 這個孩子成長到5歲9個月的時候，他的母親去世了，這回真的「不見了」（「噢——喔——」），可他沒有表現出絲毫難過的樣子。事實上，在這幾年中，母親又生下一個小孩，這導致他產生強烈的嫉妒心理。

從上面的討論可以發現，沒有必要勉強套上一種所謂特殊的本能，來為遊戲行為找尋動機。此外補充一點，成人的藝術戲劇及藝術模仿和孩童的遊戲動機不同，前者是以觀眾為中心進行的，它們不為觀眾省略最痛苦的感受（如同悲劇中表現的），並給予觀眾最高度的快樂感受。[014] 這是相當具說服力的證據，即便在快樂原則占主導地位的情形下，也有方法和途徑讓一些不快樂的體驗成為人們在心裡追憶和再現的主題。像這些以產生出快樂感受為最終結果的案例和情境，應該運用某個美學方面的體系對它們進行經濟論的探討。這些案例和情境對我們的目標來說無法發揮任何作用，因為它事先假定快樂原則處在至高無上的位置。沒有任何證據表明，具有某些超越快樂原則的傾向在發揮作用，也就是說有比快樂原則更底層，且與快樂原則互不干涉的傾向在發揮作用。

---

[014] 參見《論舞臺上的變態心理性格》（1942 年 a）。

第三章

強迫性重複

歷經 25 年深入有效的發展，當今精神分析技術的直接目的已經和它當初形成時的情況大為不同。當時，精神分析醫生執行的工作只不過是發現病人自己沒有察覺到的潛意識問題，並把它們梳理在一起，然後選擇恰當的時機告訴患者。那時，精神分析主要是關於解釋的學科。這種目的並無法有助於解決治療方面的問題，所以另一種直接目的很快便產生了，那就是想辦法使病人承認醫師根據患者記憶裡的素材推斷出的結論是正確的。這種情形下，工作的重心就是與病患的牴觸心理作對抗。當前階段的執行方法就是儘早向病患揭示這種牴觸心理，進而透過人的影響——這正是「移情」作用發揮的功效——引導他不再牴觸。

可是，現實越來越清楚地表明，這種方法並不能達到精神分析學科最初為自己定下的目標——將無意識的東西變成有意識的。病人無法將壓抑在心裡的所有內容都回想起來，但病症中最本質的東西可能正是回想不起來的那部分，這樣的結果就是他無法信服別人的說法，儘管那些是正確建構起來的東西。

他被迫地把壓抑的東西當作此刻的感受重複體驗，而不會如醫生們所期望的那般，把它們視為過往的經歷來回憶。[015] 這些再現的東西相當精確，這是人們不希望看到的，因為它總是將幼兒時期與性有關的部分經歷作為主題，即伊底帕斯情結與其衍生物；且它一定會在移情作用範圍內，這會表現在醫生和病人的相處中。等到病情發展到這一階段時，可以說，早期的精神官能症已經被新的精神官能症——「移情性精神官能症」替代了。把這種移情性精神官能症遏制在最小限度內，幾乎是醫生最主要的工作，迫使病人盡可能回憶，盡可能不要重複再現此刻的感受。回憶到的東西和再現的東西分別占據的比例，依不同病例各有差異。一般情況下，醫生沒辦法使病患跨過這個階段的治療。醫生一方面要讓病人被迫再次體驗本已忘記的過往生活，另一方面還要病人在心理上處於相對冷淡的狀態。無論如何，這會使病人逐漸意識到，看起來那麼現實的場面，不過是隱藏在過去的一段生活的反映。如果能夠做到這一點，患者就會產生信服感，從而使建立在這種信服之上的治療得以成功。

為了更加容易理解採用精神分析法進行精神官能症治療時出現的「強迫性重複」現象，首先應當摒棄一個錯誤認知，即面對的牴觸現象，是來自無意識的牴觸現象。無意識的，就是被壓抑的，它並不會對治療措施產生任何牴觸。確實，這些被壓抑的東西所做的努力，僅僅是為了擺脫壓在它身上的沉重壓

---

[015] 參見《佛洛伊德技術論文》(Remembering, Repeating and Working-Through) 第 10 章〈回憶、重複與修通〉。

第三章　強迫性重複

力,並且期望自己要麼得到意識,要麼透過某種實際行為得到釋放。抵觸治療過程的現象,產生於與最初造成壓力的心靈同等高的層次和系統。但依據經驗所得,牴觸行為的動機,再加上牴觸本身,在剛剛開始治療時都是無意識的。這個事實在提醒我們,需要糾正一個誤用的專業術語。若是不在有意識和無意識之間進行對比,而是從現實中清醒的自我[016]與被壓抑的自我的角度比較,那就可以避免缺乏清晰度的弊端。事實是,自我的大部分東西都是無意識的,特別是所謂的核心部分。自我中只有一小部分可以稱為「前意識」。用系統的或是動力學的術語代替純描述性的術語後,可以這麼說:病患的抵觸行為發生於他的自我。於是立刻便能釐清,必須把「強迫性重複」現象歸因於被壓抑的無意識之物。有很高的可能性,是在治療進行一半,且這些壓抑有所放鬆之後,強迫性才顯現出來。[017]

無可置疑,有意識和無意識的自我產生牴觸,會受快樂原則支配產生效果:它可能是要避免因部分壓抑的東西得到釋放而產生不快樂的感受。而在另一方面,人們設法透過現實原則,來忍耐這些不快樂。那麼,「強迫性重複」現象,也就是被壓抑的力量的表現,是怎麼和快樂原則產生連繫的呢?很明顯,在強迫性重複下被重新體驗的絕大部分內容,勢必使自我產生

---

[016]　參見《科學心理學設計》(1950 年 a) 的第一部分第 14 節和《自我與本我》(*The Ego and the Id*, 1923 年 b)。
[017]　作者注:我在別處曾經討論過,醫生的「暗示」有助於治療這種強迫性重複,即病人對醫生的順從,是無意識中深深根植於病人內心的親本情節中的順從。

不快樂的感受,因為它把被壓抑的本能衝動狀態暴露出來。然而,這種不快樂沒有超出我們的預期,與快樂原則也沒有相互違背:一個系統裡的不愉快,可能就是另一個系統裡的滿足。[018]可是現在正面對著一項新的顯著事實,那就是強迫性重複也可以使病患回憶起完全不能帶來快感的過往經驗,這些經驗在過往很長一段時間裡,從未為始終受到壓抑的本能衝動帶來一絲滿足。

嬰幼兒早期性生活的興起遲早要中止,因為它的願望和現實不一致,與兒童未發育成熟的生長階段也不匹配。這種興起是在特別使人悲傷的情況下告終的,而且伴隨著極深的內心痛苦。失去愛情以及遭受打擊以自戀式創傷形式對自尊心造成無可挽回的傷害。馬爾西諾夫斯基(Marcinowski, 1918 年)的看法和我一樣,沒有什麼比這種自戀式創傷對形成「自卑感」(the sense of inferiority)影響更大的了,這樣的自卑經感常於精神官能症患者身上見到。由於受到自身身體發育階段的限制,幼兒對性的探索最後總是以願望落空收場。以後他們就會發出抱怨:「我什麼事也不會做,什麼事也做不好。」男孩子和母親或女孩子與父親之間連結起來的愛的關係,最終往往會破滅於失望中、破滅於對滿足無望的等待中,或破滅於新生命誕生帶來的嫉妒中──這是兒童情感對象對其不忠的最突出證據。他嚴肅而帶有悲劇感地試圖自己再生一個新生兒,但結果往往雜糅著

---

[018] 參見《精神分析引論》(*Introductory Lectures*, 1916–1917 年)的開頭部分。

第三章 強迫性重複

失敗與羞愧。得到的愛越來越少，對自己的要求卻越來越高，還經常伴有言辭批評或是實際懲罰，於是他感覺自己受到嚴重的愚弄。這幾種經常發生的典型情況，說明了兒童期特殊愛情經歷的結束方式。

病人在移情過程中反覆想起那些被厭惡的場景和痛苦的情緒，而且還運用最強的機智把它們復原。他們會在治療未完成的時候，想辦法中斷治療；會尋找再次讓自己感到被愚弄的機會，強迫醫生對他們嚴厲地講話並做出冷漠態度；為自己安排合適的嫉妒對象；會許諾贈予他人非同尋常的貴重禮物，用以替代年幼時期沒有得到的嬰兒，但這些計畫都無法真正實現。所有這些經歷在以往從未帶來快樂，倒不妨試想，如果它們是作為回憶抑或夢境中的體驗，而不是當下感受的方式出現，我們便推測它們不會帶來那麼強的不快感受。可以肯定的是，這些東西是爭取達到滿足的本能行動。但是病患們並沒有從以前這些行動中吸取教訓[019]，這些行動不但從沒帶來快樂，反而招致不快樂，病患不自知地受到某種原則的逼迫，一再重複著這些行動。

精神分析治療過程中，可以發現到精神官能症患者的移情現象，此現象進而揭示某種問題，在普通人的生活中也能觀察到端倪。他們給人的印象總是像被霉運纏住似的，或者被超自然的法力控制著。可是精神分析理論給予他們的結論，就是自

---

[019] 這句話是於 1921 年增加的。

身命運多數是由自己安排的,特別是由幼年早期的影響所決定。儘管這類人還沒有出現什麼症狀,以對抗某類精神官能症的侵擾,但在他們身上表現出與精神官能症患者的強迫性重複完全一致的明顯強迫現象。由此可以得知這樣一類人,其所有人際關係幾乎都以同一種方式得到了結:一個施予者,在付出一段時間以後總會被他的受惠者憤怒拋棄,無論每一個棄他而去的受惠者之間存在多大的特質差異。因此,好像他天生就注定要嘗遍各種忘恩負義帶來的痛苦。又比如,有一種人的友誼總是以對方的背叛而終結。還有這樣一類人,窮盡一生的努力幫助另一個人達到某個民間或官方的顯赫地位,實現目標不久後,就由他自己推翻這個位置上的人,輔助另一個新的人取代原來的那個。還有這樣的女性,與她有過戀愛關係的戀人都會經歷同樣的階段,得到相同結果。若將這種不斷重複的事情在與某人的主觀行為連繫起來,就不會令人感到意外了,在這個人身上總能找到穩定不變的性格特徵,在類似事情一再出現的情況下,這個基本性格特徵就會不自覺地表現出來。可是下面敘述的案例則使我們留下頗為深刻的印象:這些事例的主角全都處於被動接受的角色,完全沒有對事件施加過任何影響,但卻始終承受著同樣的結果。例如,一個女人先後與三個男人結過婚,她的三任丈夫全都在婚後不久便罹患重病,這個女人服侍病榻上的丈夫,三個男人卻都隨後離世。[020] 義大利詩人塔索

---

[020]　榮格(Carl Jung)對此有過十分精闢的說明(1909年)。

第三章　強迫性重複

（Tasso）在他的著名史詩《被解放的耶路撒冷》(*Jerusalem Delivered*) 中有對此類命運最感人、最有詩意的描述，詩的主角坦克雷德在戰鬥中殺死了穿著盔甲偽裝成敵軍騎士的女孩克洛林達，那位他心愛的女人。在將少女埋葬以後，坦克雷德來到一片神祕又陌生的森林，而正是這片森林曾嚇得克魯薩德爾的軍隊屁滾尿流。他手舉寶劍猛劈一棵大樹的樹幹，但樹幹的創口中流出鮮血，克洛林達的聲音從樹幹裡傳出來，原來她的靈魂被囚禁在這棵樹裡，她在抱怨他再次傷害了自己心愛的人。

根據這些資料思考——這是由移情作用和男女兩性生活史而得的觀察資料，接著就可以有足夠的信心推斷，在人的心靈中確實具有強迫性重複，它的支配力超過了快樂原則。而且我們現在也希望把創傷性精神官能症患者的夢和兒童進行遊戲的動機，與這種強迫性重複連繫起來。

不過，人們還注意到，只有在極特例的狀況下，才能觀察到這種強迫性重複在沒有其他動機影響下的單純作用。對於兒童遊戲的研究，主要把方法集中在可以解釋強迫性重複那一面向。在這裡，強迫性重複和可以直接產生快樂的本能滿足，似乎形成十分緊密的搭檔關係。顯而易見的是，移情現象被自我在頑固地堅持保留壓抑時進行的對抗所利用，而治療過程中可以接近有效的強迫性重複，卻被自我拉向它那一邊（像自我依附於快樂原則那樣）。有大量被人們形容為命運的強迫現象，看起來都可以有一定的合理解釋。既然如此，就無須再引入新穎且奇

特的動機去解釋它。

（關於這一類動機，）最容易觀察的應該就是創傷性精神官能症患者的夢境現象。但出於更慎重的考慮，我們不得不承認，即使在其他事例中，也絕非全都能用已經熟知的動機來考量。想要證明強迫性重複假設是有根據的，還需要清楚解釋剩餘的大量問題。強迫性重複可能比被它超越的快樂原則更基礎、富含更多本能元素。假設確實有強迫性重複的原則在人的心靈中發揮效用，我很想了解跟它有關的情況：它歸屬於什麼功能；會在什麼條件下發生作用；和快樂原則具體是什麼關係。直至目前，我們依然認為是快樂原則在人類心智活動的興奮過程中佔據主導地位。

第四章

灰質

　　以下的討論內容屬於理論思辨，所謂理論思辨往往被認為是很牽強的，所以讀者可以依照自己的興趣，決定是否接受。這種思辨更主要的目的是嘗試前後統一地探究某種觀點，出於好奇心看一看這樣最後得到的結果是什麼。

　　精神分析的理論思辨是以它從無意識研究中獲得的印象作為出發點，這種印象即意識或許不是心理過程的普遍屬性，而只是它們的特殊功能。用後設心理學的術語來講，即為：意識就是被叫做 Cs.（意識）[021] 的那個特殊系統具有的功能。意識產生的內容主要分為兩方面：一方面是從外部世界帶來的興奮知覺，另一方面是只能從心理結構內部產生的快樂和不快樂感受。因此，我們就有辦法將 Pcpt.-Cs.（知覺 —— 意識）系統 [022] 劃定一個空間位置。這個位置應當處在內部和外部的交界地帶，並應轉向外部世界，而且夾帶一些其他的心理系統。人們會看到在

---

[021] 參見佛洛伊德《夢的解析》(1900 年 a)，《標準版全集》第 5 卷第 610 頁以後，以及〈無意識〉(1915 年 e) 第 2 節。
[022] 佛洛伊德第一次對知覺系統進行的描述見於《夢的解析》，《標準版全集》第 5 卷第 536 頁以後。後來在其一篇論文 (1917 年 d) 中論證說，知覺系統與意識系統是一致的。

這些假設中,沒有什麼突破常規的東西出現。我們只不過借鑑了大腦解剖學裡面對於定位的觀點,在這種觀點中,意識居於大腦皮層,也就是中樞神經器官最外面的包裹層。從解剖學的角度來講,大腦的解剖沒有義務考慮為什麼人的意識位於大腦的皮層,為什麼不放置在安全的大腦最深處。換在 Pcpt.-Cs. 系統中來說明這種情況,大概會更有效。意識並不是劃分到這個系統之完整過程的唯一特徵。依據在精神分析經驗中留下的印象,我們推斷,其他系統中活躍過的所有興奮過程,最終都會在它們身上留下永久的印記,這些印記就是構成記憶的基礎。所以,這些記憶的痕跡和它們是否曾是有意識的東西無關。實際上,當留下這些記憶痕跡的過程未經過意識狀態的情況下,這些記憶會非常深刻,也最為長久。我們發現一個十分難以置信的情況,在 Pcpt.-Cs. 系統裡面也會留下像這樣永久的記憶痕跡。如果總有這種痕跡是屬於有意識的,則它們將會漸漸地限制系統接受新興奮新刺激的能力。[023] 但如果它們是無意識的,就會有一個問題擺在我們眼前:如何解釋一個在諸多方面的活動都被有意識現象伴隨的系統,竟然出現了無意識的過程。我們的假設是,把成為有意識的過程設定為一個特殊系統,至此可以說明,什麼也沒有改變,什麼也沒得到。雖然這種假定不

---

[023] 以下內容完全基於布洛伊爾在《歇斯底里研究》(布洛伊爾與佛洛伊德合著,1895 年)中(他的理論部分第二節)的觀點。佛洛伊德自己在《夢的解析》(《標準版全集》第 1 卷第 138 頁)中也討論過這個問題,並且在此之前他於 1895 年寫的《科學心理學設計》(1910 年 a)第一章,第 3 節中,也就這個問題做過詳細論述。後來在論文《神祕的拍紙簿》(1925 年 a)中,他又重新討論了這個問題。

第四章　灰質

具備可靠的結論，但它能引發下一步的推測：在同一個系統中，成為有意識和留下記憶的痕跡，是兩個無法相容的過程。於是有了結論：興奮過程在意識系統中成為有意識的，但不能在系統中留下永久痕跡。之後，這些興奮過程被傳導到意識系統之下的其他系統，並且把痕跡留在那些系統上面。在《夢的解析》(*Die Traumdeutung*) 一書的理論部分 [024]，我用圖解的形式對這個思考方式做過說明。始終要牢記，我們所掌握的相關意識來源方面的知識還不夠，因此當提出「意識產生而不是記憶痕跡」這樣的命題時，有必要對這個論斷進行謹慎考慮，畢竟這個命題必須要建立在準確的術語基礎之上。

假設這個命題是真命題，那麼意識系統就應當擁有以下特性：這個系統中發生的（和在其他系統中的現象相反）興奮過程不會使這個系統的成分發生任何持久變化，彷彿能在成為意識的現象中發散開來。這種與普遍規律相互違背的特例，需要只適用於這個系統的因素來加以解釋。這種獨特因素很可能就在於，意識系統處在最表面的位置，它與外部世界直接接觸。

接著，用盡可能簡單的有機體組成形式，來描述一個具有生命的機體，它可能只是另一個物體上未分化的囊。這個囊對刺激反應很敏感，那麼它朝向外界的那一個表面，正是在這樣的情境下分化出來，從而成為接受刺激的器官。實際上，透過胚胎學這門學科重現的人類發展史向我們表明，外胚胎層是中樞

---

[024]　參見《標準版全集》第 5 卷第 538 頁。

神經系統的發源地；大腦灰質是有機體最原始表層的衍生物，而且可能遺傳了它的某些特性。所以人們不難聯想，由於外部的刺激不斷地影響著囊的表面，因而在一定程度上可能永久改變了表層物質，使這個表層中的興奮過程發生路徑不同於更深層器官的興奮過程發生路徑。結果這個表層被各種刺激榨取殆盡，成為硬殼般的構造，以最大的可能性形成最適合用來接受刺激的條件，而且再也不可能發生任何變化。用意識系統的術語來講，就是興奮過程中的任何影響都不會使它的成分發生永久持續的變化，因為此前那方面已經發生過最大限度的改變。然而，現在它們將可以產生意識。目前人們對這種興奮過程的性質和物質演化的性質有各自的觀點和看法，不過都還無法進行驗證。有人可能這樣分析：當興奮由一個系統傳遞到另一個系統時，必須克服一種排斥力。當這種力量逐漸被克服後，就會留下永久性的興奮痕跡。也就是說，它發揮一種促進作用。那麼在意識系統中，這種從一個部分進入另一部分的排斥就不復存在。[025] 布洛伊爾有個理論可以和上面的描述連繫起來：在精神系統的各個成分中存在著平靜的（被聚集的）貫注能量和活躍的貫注能量間的區別。[026] 意識系統的每個成分都不帶有聚集的能量，只攜帶可以自由釋放的能量。不過，在對這類問題發表看法時，最好保持謹慎的態度。即使如此，這種思辨理論還是

---

[025]　在《科學心理學設計》第一章第 3 節的後半，佛洛伊德就這段話的內容進行推想。
[026]　參見布洛伊爾與佛洛伊德合著，1895 年（布洛伊爾的理論部分的第 2 節，尤其是該節開篇部分的註腳內容）。

第四章 灰質

能讓我們看清互有連繫的三個問題,即意識的起源、意識系統的位置,還有意識系統裡發生的興奮過程特點。

關於具有外界感受表層的有生命的囊,還沒有談完。外部世界處處有強烈的能量,而小小生命體的一個器官游移其中,如果沒有給它能夠抵禦刺激的保護層,它將會因這強大能量帶來的刺激而受到傷害致死。至於如何得到保護層,它有自己獨特的方法:最外層的物質結構本身不再具有生命,而是進入接近無機物的狀態,由此成為一層抵禦刺激的護甲式外膜。有了這樣的保護,大部分外部刺激能量都無法進入它內部的有生命皮層,這些皮層得以在保護層的保護下,感受剩下一小部分被允許進入的刺激能量。最外層的保護層以自己的犧牲來保護裡層有機體的生命狀態,除非外部刺激強烈到能把這層護甲打穿。對有機生命體來說,抵禦外部刺激比感知外部刺激還要重要。保護層自身儲存著能量,它必須先保護在內部進行的特殊能量轉換,外部世界的強大能量準備抵消它並造成真正的破壞,而保護層要避免這種結果。感受刺激不是目的,真正的目的是去辨別刺激的方向和性質,因此,只要取得外部刺激的少量樣本,做抽樣檢查就足夠了。高度進化後的有機生命體中,曾經是囊表層的感知皮層早已經退到更深的位置,只有一部分保留在緊鄰抵禦刺激的最外保護層之下。這些被留下來的就是感覺器官,它們大致分為兩個類型:其一是用來感受特定刺激作用的組織,其二是用於加強抵禦過量的刺激,以及消除不適當刺激的特殊

構造。[027] 它們有相同的特點：只感受外界刺激的極少部分量，只取外部世界的樣本來檢查。它們就像是意識系統的觸角，不斷地向外部世界做出試探，接著縮回裡面。

我想不帶任何顧忌地，在這裡探討一個本來就該徹底研究的問題。作為精神分析理論領域的發現，現在已經可以對康德（Immanuel Kant）有關「時間和空間是『思想的必然形式』」的原理展開討論。我們都知道，無意識的心理過程不按時間先後進行。[028] 首先，這已經表明它們不能按時間排序，時間的變化不一定導致其變化，也沒有任何時間觀念能應用到它們身上。無意識過程具有這些消極特徵，只能在與有意識的心理過程進行對比時才容易被理解。從另一方面理解，時間這個抽象觀念，是透過知覺──意識系統的工作模式得來的、符合此系統自身對本工作模式的知覺。或許這種工作模式是另一種形成抵禦刺激的保護層的有效方法。可以想見，人們會對以上的論述感到難以理解，但我必須限制自己在這些指導性內容範圍內進行說明。[029]

剛才分析過，具有生命的囊獲得抵禦外部刺激的保護層的完整過程。甚至更早就指出，與保護層緊鄰的有機皮層必然會分化為用來感知外界刺激的器官。只不過這個敏感的皮層，也就是

[027]　參見《科學心理學設計》第一部分的第 5 節和第 9 節。
[028]　參見〈無意識〉（1911 年 e）第 5 節。
[029]　佛洛伊德在他的論文《神祕的拍紙簿》（1925 年 a）的結尾部分，再次探討時間觀念的起源問題。該文還包含對「抵禦刺激的保護層」所做的深度討論。

第四章　灰質

後來的意識系統，也在接受來自內部的興奮刺激。因為處於內部和外部之間的位置，意識系統在受到內外兩種興奮刺激時，具有不同的處理方式，對這個系統的功能乃至心理結構的整體功能都產生了決定性的影響。面向外界的那一面有一層膜保護著它，為它抵擋大量的外部刺激，因此只有很小部分的刺激能發揮作用。相反地，面向內部的那一面沒有任何保護層[030]，蘊藏在有機體深層的興奮，隨著它們能產生快樂——不快樂感受的特點，直截了當、分毫不減地擴散在該系統中。不過，來自內部的興奮與來自外部進行比較，從強度及其他屬性方面（如幅度屬性）來講，更適於該系統的執行方式。[031]這種狀態下，事物必定會產生下列兩個結果：首先，快樂和不快樂的情感（它們是心理結構內部變化的顯現）會壓倒所有外界的刺激；其次，掌握特殊方法，以應付任何會導致嚴重不快樂感的內部興奮。人心中有種傾向，就是不把這些內部刺激視為來自內部的，而是看作來自外部，因此就可以使抵禦刺激的保護層發揮作用，憑藉它抵禦這些內部刺激。投射就是這樣產生的，它注定要在病理過程中發揮關鍵作用。

　　我覺得以上所做的這些思考，足以更清楚地理解快樂原則的優勢作用，但是還沒有合理的解釋能夠處理與這種優勢相互矛盾的情況。因此，需要進一步考察。我們把所有來自外部的、

---

[030]　參見《科學心理學設計》第一部分，第 10 節開篇的內容。
[031]　參見《科學心理學設計》第一部分，第 4 節的後半部分。

其能量足以擊破保護層的興奮，通通稱作「創傷性」興奮。在我看來，創傷的概念必然包含這樣的連繫：與有效抵抗刺激的屏障出現裂口的狀況相互連繫。外部創傷這類事件必定會在有機體能量的功能方面造成大規模的騷動，並且引發內部一切可能的防禦性措施，快樂原則在此情況下暫時也不發揮作用。心理結構夾帶大量的刺激，傷害已無法避免。隨之而來的問題是：設法控制住闖入的大量刺激，在心理層面將它們聚集起來，最終使其消散。

因身體的痛苦而產生的特殊不快樂感，大概是抵禦刺激的保護層部分被突破的結果。因而，從連結中樞心理結構的神經末端部分組織中，持續產生的興奮流，只能源自於器官內部。[032] 那麼，能不能預料到人的心靈對這種入侵做什麼樣的反應呢？心靈從各個部分聚集精神能量，以便為被突破的區域貫注足夠高的精神能量，因此引起一場大規模的「反貫注」作用（anticathexis）。為了確保這種反精神能量，其他所有的心理系統都處在衰竭狀態，結果使得它們大規模癱瘓或者遭到削弱。我們努力從這一類例子中尋求收穫，並把它們作為進行後設心理學研究的基礎。從剛才所舉的這個例子進行推斷，一個本身已具有高貫注力的系統，也能夠接受新注入的附加能量流，並能夠把它轉變為平靜的貫注力，也就是說，能夠在精神能量層面把它聚集起來。可以發現，如果系統本身具有的平靜貫注力

---

[032]　參見《本能及其變化》(*Instincts and Their Vicissitudes*, 1915 年 c) 和《科學心理學設計》第一部分，第 6 節。

第四章 灰質

越高,它的聚集能力就越大;相反地,它具有的貫注力越低,則接受新注入能量的能力就越小,[033] 而且這種在抵禦刺激的保護層上的突破,會引起更嚴重的後果。下述反對這種觀點的意見,必定是不正確的:在突破口周圍貫注力劇增的現象,可以極簡單地解釋成刺激大量注入所造成的直接後果。如果事實確實如此的話,那麼對心理結構來說,就只是增加了其精神的能量貫注,而無法解釋其他系統因身體痛苦而導致的癱瘓和衰竭狀態。此外,痛苦所造成的極熾烈釋放現象,也不會動搖我們的解釋,因為它們是以反射的方式進行的,也就是說,它們並不受心理結構的干預。關於後設心理學所做的討論,處處存在著不確定性,都是由於這個事實:對在各個心理系統的各部分中所發生的興奮過程性質缺乏了解,而且在對這個題目做任何假設時,沒有建立足夠的依據。結果便一直帶著巨大的未知因子在進行演算,而且還不得不把這個未知因子繼續納入面臨的每一個新算式之中。或許可以合理地假定,這個興奮過程是以不同數量的能量來進行的,也可能是這樣:它擁有不止一種性質(例如幅度方面的性質)。此處已經將布洛伊爾的假設作為一種新的因素納入考慮,據他的理論假設,能量的貫注以兩種形式發生:一種是自由流動的貫注力,它迫切需要得到釋放;另一種是安穩的貫注力。因此必須區分在心理系統及其成分中的這兩種精神能量貫注。也許可以這樣假設,對注入心理結構的

---

[033] 參見《非貫注系統的興奮過程不受影響原則》中,佛洛伊德討論部分臨近結尾處的註腳(1917 年 d)。

能量進行所謂的聚集，實質上就是把這種能量從自由流動狀態轉變成為平靜狀態。

現在不妨大膽地假定，普通創傷性精神官能症的產生是由於抵禦刺激的保護層遭到大規模的突破。這有點像是在重複過時而天真的休克理論，這個理論與後來那個在心理學上更為狂妄的理論形成鮮明的對比。後者強調，癥結不在於物理暴力所引起的後果，而在於驚嚇和對生命的威脅這一類因素。但是，這兩種對立的觀點並非互不相容。而且精神分析理論關於創傷性精神官能症所提出的觀點，即使從最表面化的形式來看，也與休克理論並不一致。古典的休克理論認為，休克的本質是神經系統的某些分子結構甚至是組織結構，受到直接的損傷。我們想要釐清的是，抵禦刺激的保護層被突破以後，隨之產生的多方面問題，對心理結構所造成的影響。此處依然強調驚嚇因素的重要性，它的產生是由於人心對焦慮缺乏任何準備，再加上最早受到外界刺激的系統缺乏高度精神能量貫注。由於那些系統的精神貫注力太低，所以不能有效地聚集注入進來的興奮量，從而使保護層變得更加容易被突破。因此人們將意識到，為應對焦慮所做的準備以及感受系統所具有的高度貫注力，這兩種因素是保衛防禦刺激保護層的最後防線。對大量創傷性的病例進行研究後可以發現，那些毫無準備的系統和那些透過提升貫注力而做好準備的系統之間的差異，對最後的結果具有決定性的作用。不過在超過一定強度的創傷面前，這個因素便會

失去其重要性。正如我們所理解的，夢是以幻覺方式來使人的願望得到滿足。在快樂原則占主導地位的情況下，這種滿足已經成為夢的功能。但是，創傷性精神官能症患者高密度地在夢中重現傷害發生時的情景，卻不是快樂原則的作用。我們更傾向於認為，夢是在協助執行另一項任務，而這項任務要在快樂原則還未發揮其支配作用時就必須完成。這類夢境透過製造焦慮來試圖以重現的形式控制刺激。因此，研究這種夢使我們形成這樣的觀點，即心理結構有一種功能，它與快樂原則並不矛盾，同時也不以快樂原則為指標，比那種尋求快樂、避免不快樂的目的形成得更早一些。

現在終於等到適宜的時機，可以第一次宣告：對於夢是願望的滿足這一論點來說，存在著例外的情況。正如我已經再三詳細表明的那樣，焦慮性的夢不屬於這樣的例外，「懲罰性的夢」同樣也是如此，因為它們只是用給予適當的懲罰來取代對被禁止的願望的滿足，也就是說，它們滿足了具有罪惡感的願望，而罪惡感是對被輕視的衝動做出的反應。[034] 可是，剛才反覆提及的那種夢不是用於滿足願望的夢。我所指的是創傷性精神官能症患者的夢，或者是指在做精神分析時，使人回憶起幼年時代心靈創傷的夢。不如這樣說，這些夢服從於強迫性重複，儘管在經過分析以後，這種強迫獲得願望的支持（受「暗示」鼓勵

---

[034] 參見《夢的解析》（1900 年 a），《標準版全集》第 5 卷第 557 頁，以及佛洛伊德《論釋夢的理論和實踐》（1923 年 c）中的第 9 節。

的願望）[035]，即希望把早已淡忘的、被壓抑的事情回想起來。這樣看來，那種夢的功能，並不是夢的原始功能，即透過滿足擾亂人的衝動願望來摒除一切可能中斷睡眠的動機。僅當整個心智活動都已受快樂原則支配之後，夢才有可能執行這樣的功能。如果有某種「超越快樂原則」的東西存在，那麼就得承認，在夢境滿足願望這一目的發生之前，還有一段時期，只有這樣才不會和原則相互矛盾。並不是說要否定夢具有滿足願望的功能，只不過，這個普遍的規律一旦被打破，就會出現另一個問題：為從心理層面來約束創傷的印記，這樣服從強迫性重複原則的夢，難道根本不會發生在精神分析的範圍以外嗎？對這個問題的回答，只能是十分肯定的。

在其他場合[036]我已經論證：「戰爭性精神官能症」（這個術語的名稱僅指這種病症原發時所面臨的部分環境）可能就是受到自我衝突而加劇的創傷性精神官能症。之前我提到的那個事實，即同時由創傷引起的肉體傷痛，會降低精神官能症的發病機率。如果沒有忘記精神分析研究一直強調的兩個要素，便可以輕鬆地理解這個事實。這兩個要素是：一、應當把物理刺激視為性興奮的根源之一；[037]二、如果痛苦的發熱性疾病持續太長時間，就會對力比多的分布產生巨大的影響。因而，一方

---

[035]　1923年，這裡被改成了「不是無意識的」。

[036]　作者注：參見我的《精神分析和戰爭性精神官能症》（*Psycho-Analysis and the War Neuroses*, 1919年d）中的導論部分。

[037]　作者注：參見我在別處（《性學三論》[*Three Essays on the Theory of Sexuality*]，《標準版全集》第7卷第201–202頁）關於搖擺和鐵路旅行影響的闡述。

面,由創傷帶來的物理衝擊力將會釋放大量的性興奮,由於沒有對焦慮做出準備,這些被解放的性興奮又將造成創傷;另一方面,那種同時對肉體造成的傷害,又會透過喚起受傷部位[038]的自戀性高度貫注力來聚集過量的興奮。一個力比多理論還沒有充分加以利用,卻早已被廣泛知曉的事實,即像憂鬱症那樣在力比多分布上嚴重紊亂的病症,也會因間歇軀體器質性疾病而暫時消失。甚至,嚴重的精神分裂症也能在這種情況下暫時得到緩解。

---

[038]　作者注:參見我的論文《論自戀》(*On Narcissism*, 1914 年 c) 第 2 節開篇部分。

超越快樂原則

第五章

死之本能

　　大腦皮層能感應刺激，卻不具備面向內部的抵禦興奮保護層，如此情況必定會產生這樣的結果：傳送這些來自內部的興奮刺激，獲得越來越多的實質意義，而且這類傳送還經常會導致某些類似於創傷性精神官能症的實際障礙。這種內部的興奮，最主要的來源就是有機體的「本能」——產生於身體內部，並且被傳遞到心理結構的所有力量的代表。本能的問題同時也是心理學研究中最重要、最模糊不清的內容。

　　本能所產生的衝動，不屬於聚集性的神經過程，而屬於力爭得到釋放的自由活動神經過程。將來可能會發現，這個假設並不過於輕率。所有關於這些過程的知識中，最齊全的那一部分來自對夢境的研究。在研究夢時發現，無意識系統的運作過程，完全不同於前意識系統（或意識系統）的運作過程。在無意識系統中，貫注力可以很容易地被全部轉移、置換和濃縮。但如果把它用於前意識，則勢必不會收到任何有用的效果。白天的前意識記憶殘留已根據無意識系統的法則而被重新處理，這一點也是我們所熟悉的顯夢特徵展現。我把在無意識系統中發

現的那類過程稱作「原發性」心理過程,以區別在正常清醒狀態下所獲得的「繼發性」過程。既然所有的本能衝動都把無意識系統作為衝擊的目標,那麼說它們都遵循原發性過程,就不算什麼新奇的想法了。

而且,人們很容易把原發性心理過程和布洛伊爾的自由活動貫注力畫上等號,把繼發性心理過程和在其聚集性或收緊性的貫注力中所發生的變化畫上等號。[039] 如果可以這樣畫等號的話,那麼把那些到達原發過程的本能興奮聚集起來,就將成為心理結構高層次的任務。一旦這種聚集失敗,就會產生類似於創傷性精神官能症的障礙;而且,只有成功完成這種聚集之後,快樂原則(及其衍生的現實原則)才有可能毫無阻礙地占據主導地位。在此之前,心理結構的另一任務,即控制或約束興奮程度,將作為它的首要大事。其實這個任務並未與快樂原則對立,但也不受快樂原則支配,並且在一定程度上可以忽略它。

前面已經指出,在幼兒早期的心智活動以及精神分析的治療過程中,表現出的各種強迫性重複,於相當程度上顯示出一種本能[040]的特徵,並且當它們的活動與快樂原則對立時,就好像有種「魔幻的力量」在發揮作用。在研究兒童遊戲時發現,兒童之所以會重複那些不快樂的經歷,另外一個原因就是他們處

---

[039] 參見《夢的解析》第七章,《標準版全集》第 5 卷第 588 頁以後,或布洛伊爾和佛洛伊德 1895 年的合著(布洛伊爾的理論部分的第 2 節)。

[040] 這裡以及下一段的「本能的」一詞德文為「Triebhaft」。「Trieb」這個詞根比英文的本能「instinct」一詞含有更多緊迫感。

第五章　死之本能

在主動地位，比起被動地體驗強烈感受，這使他們更能徹底地掌握它，好像每重複一遍都能掌握得更加扎實一樣。兒童並不能使快樂體驗經常性重複，他們竭盡所能固執地要求一模一樣的重複體驗。這種情況也會隨著時間消失，就好比一個笑話第二次被人聽到，它就幾乎不會再引人發笑了；一個劇本被第二次搬上舞臺，便不能帶給觀眾如同第一次上演時同樣強烈的感受。同理，我們絕對不可能說服剛剛津津有味地讀完一本書的成年人，立即將這本書重讀一遍，因為新奇往往是快樂的必要條件。但是，小孩子們卻會不厭其煩地纏著大人重複他曾教過他們或和他們一起玩過的遊戲，直到把大人逼得厭倦不堪才肯罷休。同樣地，如果向孩子講了一則有趣的故事，他就會一遍又一遍地聽這個故事，而不願去聽另一則新的故事。並且他還會嚴格要求講述者必須把故事講得一模一樣，甚至還會糾正講述過程中的任何變動——成人做這些改變實際上是想要讓小孩獲得新鮮感。[041] 所有這些都沒有與快樂原則相互矛盾。顯然，重新體驗相同事物本身，就是快樂的泉源。相反地，強迫正在接受精神分析的病人，在移情過程中重複自己童年經歷的事情，顯然一點都沒有顧及快樂原則。這個患者的行為舉止完全像個小孩，也就表明，他身上並沒有被壓抑之幼年經歷的記憶印記表現為聚集形式，而是——換一種形式來說——根本無法遵循那個繼發過程。並且，正是由於沒有聚集，這些被壓抑之幼

---

[041]　參見佛洛伊德《詼諧及其與潛意識的關係》一書（Jokes and Their Relation to the Unconscious, 1905 年 c）第 7 章第 6 節末尾部分。

年經歷的記憶印記，具有在夢中形成幻想的能力。當分析工作接近尾聲，試圖引導病患和醫生完全脫離時，同樣的強迫性重複現象也成為經常遇到的治療障礙。還可以這樣設想：當不熟悉精神分析的人們莫名地感到恐懼——害怕喚醒某種他們覺得最好是留在夢中的東西——他們害怕出現這種彷彿受某種「魔幻的力量」驅使的強迫性現象。

然而，「本能的」一詞又如何與強迫性重複連繫在一起呢？關於這一點，不可避免地會產生這樣的想法：也許已經發現一個普遍的、到目前為止還沒有被清楚理解，或者至少還沒有明確地強調過的本能特點的痕跡，或許是一切有機生命體普遍具有的痕跡。如此，基本上可以這樣總結：本能是有機生命體內固有的衝動，希望恢復事物的起始狀態。這是在外界干擾的壓迫下，有機體不得不拋棄的衝動，也就是說，它是有機體的彈性屬性之一，是有機生命體中固有的惰性表現。

對我們來說，這種關於本能的觀點前所未聞，因為已經見慣了本能中促進變化和發展的因素。現在卻突然要去意識本能中恰恰相反的東西，即生物體所具有的反進化特性。另外，我們立刻就把動物生活中的某些情境，提到考察安排上，似乎它們可以證實這個觀點，即本能是由歷史決定的。例如，有一些魚類在產卵期間，特地遠離牠們平時生活的水域，長途跋涉到某一個特定水域中產卵。根據許多生物學家的解釋，牠們這樣做只是為了尋找牠們這個物種曾經棲息過的場所。而隨著時

第五章 死之本能

代更迭,這些水域後來成為其他魚種的棲息地。這樣的解釋一定也可以說明候鳥的遷徙現象。下述的事例特別值得深思,讓人立即感到再也沒有必要去找尋別的例子了。在遺傳現象和胚胎學的事實中,具有可以證明有機體有強迫重複傾向的有力證據。人們發現,動物的胚胎在孕育過程中一定會(即使僅以十分簡化和短暫的形式)再現那種動物所由之進化而來的一切形式結構,而不是透過最短的捷徑快速地達到其最終形態。很難用從物理角度來解釋這種現象,而且不應該忽視歷史因素。另外,重新長出一個與失去的器官幾乎一樣的器官,這樣的再生能力在動物界也是屢見不鮮。

可能會遇到這種聽起來不無道理的質疑聲音:除去那些促使重復的保守性本能之外,很可能還存在著另外一些強烈渴望發展和產生新形式的本能。這種觀點確實值得重視,後面一個階段將會討論它。以目前的情況而論,最好還是把一切本能都趨向於重回事物的早期狀態這個假說的邏輯結論作為依據。這個結論可能使人留下近乎神祕主義或者故弄玄虛的印象。不過,可以坦然地說我們絕沒懷有這樣的目的。我們只是尋求在根據這種假說而進行的研究或思考之後所得到的合理結論,在這些結論中,除了確定的特性之外,並不希望發現什麼其他性質。[042]

來做這樣的假設:一切有機體的本能都是保守性的,其形

---

[042] 讀者不應忽略這個事實,以下的內容是某種極端思路發展的結果。後來,在研究性的本能時,人們就會明白,這些思想必然有局限性,需要被糾正。

成都具有歷史性，它們趨向於重回事物的初始狀態。據此，就會得出這樣的結論：有機體的發展過程必須有賴於外界的干擾和轉變的影響。原始生物一開始並沒有進化的需求，如果環境一直保持不變的話，它就會永遠不停地重複同樣的生命歷程。我們的家園──地球的演進史以及地球和太陽的關係變化史，是最終在有機體發展史上留下印記的根源。每當有機體被強加的生命歷程發生變化，都會被那些保守的機體本能所接受，並且把它們保存起來，有待今後再次重複。因此，這些本能就會表現出它們是趨向於變化和發展的力量，實際上那是給人的假象──它們只是想借助新舊兩條道路來達到一個古老的目標。而且，一切有機體為之竭力所求的這個最終目標，也可以用以說明。如果生命的目標是迄今為止都沒有達到過的狀態，那麼這對於本能具有的保守性質來說，就是一種矛盾。相反地，生命的目標必定是古老的狀態，一種最原始的狀態；生物體在某一時期曾經離開這種狀態，並且它正在盡其所能地透過一條由其自身發展所留下的曲折的道路，掙扎著恢復這種狀態。一切生物毫無例外地由於內部因素而歸於死亡（即再次化為無機物）──如果把這個觀點視為真理的話，那麼，將不得不承認，「一切生命的最終目標是死亡」，而且回顧歷史可以發現，「無生命體比有生命體出現得更早」。

在某個階段，一種人們還不是很了解其性質的力量，在無機體物質中產生出生命的屬性。這種過程在形式上有些部分類

第五章　死之本能

似於後來在有機生命體的一定生物階段上引起意識發展的那種過程。但是，從以前一直是無機體中產生的收緊力卻竭力想抵消回去。所以，最初的本能產生了，即尋求回歸到無生命狀態中。那時候，有機生命體非常容易死亡。它的生命歷程極其短暫，或許只是一瞬間，這種歷程的方向則是由這個原始生命的化學結構所決定。在很長的歷史程序中，生物體就是這樣不斷地繁殖再生而又輕易地死去。直到發揮決定性作用的外界影響發生了一定形式的改變，從而迫使那些依然存活下來的有機體用力脫離它們初始的生命歷程，結果使得它們要經歷比以前更加複雜的過程，才能達到死亡的最終目標。這些保守性本能曲折地通向死之路，如今反而為我們展現出一幅生命的圖像。如果堅持主張，本能的保守性是獨一無二的，那麼就不可能形成關於生命起源和目的的其他任何假設。

相信此處得出的 ── 關於有機體生命現象之後的各種本能所具有的 ── 這些含義，一定會使人感到萬分困惑。比如，認為一切生命體都具有自我保存的本能，這個假設就與生命整體的本能是導致死亡的觀點背道而馳。這些自我保存的本能、自我肯定的本能以及自我調節的本能，貌似極大削弱了理論上的重要性。它們只是些部分本能，其作用是保護有機體沿自己的路徑走向死亡，而避開一切不應該出現的、恢復有機體本身沒有的無生命狀態的方式。此處不需要再把思考的重心放在有機體面臨各種障礙時，仍致力保全自身的存在這種無解的決心上

（這個問題很難找到前後關係）。而需要思考這樣一個事實：有機體只願以自己的方式達到死亡。因此，這些生命的捍衛者最後也成為死亡的忠實追隨者。這樣就形成一種矛盾的情形：有生命的機體頑強地抵抗某些事件（真正有威脅的事件），而這些事件或許會為它們快速達到生命目標而找到近路。這種行為正具有純粹本能的特點，它與理智的努力形成巨大反差。

讓我們暫且停下來，思考一下，便會發現事實可能並非如此。性的本能，這種精神官能症理論曾給予它特定地位的本能，則表現出另一種截然不同的情形。

並不是所有有機體都會承受那種外部壓力，那種推動有機體不斷發展的壓力。許多有機體至今依然處於相當原始的階段。許多這樣的有機體，儘管不是全部，必定與高等動物和植物的最原始階段性狀相似，而且它們確實一直生存到了今天。基本有機成分構成高等有機體的複雜身體，然而不是所有有機體都經歷過通向自然死亡的完整發展道路。其中的一些基本成分，例如生殖細胞，很可能一直保持著生命物質的原始結構。經過一段時間之後，它們從有機體的整體中分離出來，攜帶著與生俱來的，以及後來獲得的所有本能傾向。也許正是這兩個特點才使它們能夠獨立存在。只要達到合適的條件，它們就開始發展，也就是說，開始重複支撐它們存在的循環。結果，其身上有一部分物質再次從始至終發展一遍，而另一部分物質則作為新的生殖細胞重新回到發展過程的開端。因此，這些生殖細胞

第五章　死之本能

是不利於生物體達到死亡的東西，它們成功為生物體獲取了在我們看來只能稱作潛在永生的東西，儘管這種永生只不過是延長了通向死亡的道路。下述事實值得極端重視：只有當這個生殖細胞與另一種與其類似、但又不完全相同的細胞相結合時，生殖細胞的這種作用才會增強，或者說才會使這種功能發揮作用。

　　一些本能主宰著這些原始有機體的命運，這種原始有機體比整個有機體存活得更久，當後者無力抵抗外界刺激時，這些本能為其提供安全庇護，本能使它們與其他生殖細胞聯合，具有此類功能的本能構成一組性本能。與其他本能一樣，它們同樣很保守，因為需要回到生物體的初始狀態。不過，它們還要更加保守，也就是說，其對外部影響的抵抗力特別強。此外，它們還具有另一種形式上的保守性，即它們用了相對很長的時間來維持生命本身。[043] 它們是真正的生的本能（life-instincts）。它們的行為表現出反對迎向死亡的其他本能所欲達到的目的。以上事實表明：在性的本能和其他本能之間存在著對立，在很早以前關於精神官能症的理論曾揭示出這種對立的重要性。有機體生命的運作彷彿是擺動中的節奏。有一組本能向前衝去，以便能盡快達到生命終止的目標；另一群本能在達到某一特定階段時，則迅速返回到某一特定點上，再從這個新的開端走上一段重複的路程，從而延長整個生命歷程。即使可以肯定，性

---

[043]　1923 年增加的註腳：然而，我們也只能把傾向於「進化」和傾向於向更高等發展的內在衝動歸之於它們本身。

慾和性別在生命剛剛開始形成時並不存在，但依然存在下述可能性：那些後來被稱作性本能的本能，也許從一開始就在發揮作用。有人認為，它們只在後來某一時期才開始發揮反對「自我本能」(ego-instinct) 的作用，這種觀點的正確性難以保證。[044]是時候重新回過頭來思考一下，這些論點究竟是不是有據可依。除了性本能以外，真的就不存在任何不希望回歸事物初始狀態中的本能了嗎？真的就沒有意圖達到事物從未達到過的狀態的本能了嗎？我還沒有在有機界中發現跟此處假定的那些特點相互矛盾的例項。不管是在動物界還是植物界，我們都沒有觀察到某種以高一等的發展為目標的普遍本能——即使事實上確實普遍具有向高等發展的現象。然而，當一方面認為一個發展階段高於另一發展階段時，這常常只是個人見解的問題；另一方面，生物學給我們的指引是，朝高等階段發展的面向經常會被正在退化的另一面向所抵消或壓倒。此外有許多動物，我們根據它們發展形式的早期階段就可以推斷，其發展反映出某種退化的痕跡。較高等的發展和退化一樣，都可以被視為適應外界壓力的結果。在這兩種情況下，本能發揮的作用可能僅限於（以內部根源的形式）維持某種必須發生的變化。[045]

---

[044] 根據上下文理解，「自我的本能」這一術語在這裡應當是一個暫時的描述詞，是從最早期的精神分析術語中演化出來的。

[045] 費倫齊（1913 年，第 137 頁）透過不同的途徑獲得相同結論：「如果追究這種思想的邏輯結論，那麼就會清楚這一點：要求重複和回歸的傾向，同樣也支配著有機體的生命。而要求進步發展、適應的傾向等，只有在受到外界刺激之後，才會變得活躍。」

第五章　死之本能

　　很少有人能非常輕易地拋棄這一觀念：人類具有使自身趨向完善的本能，這種本能已經使人類達到現有的高層次智力水準和道德修為，或許還可能引領人類發展到超人階段。可是，我並不相信這種內在本能真的存在，並且也無法想像，這種美好的幻覺如何長久持續。依我來看，對人類當今發展階段的解釋幾乎和對動物所做的解釋沒有什麼不同的地方。至於在極少數人類個體身上表現出的、趨向於進一步完善的、恆久不變的衝動，可以很容易地將其解釋為本能壓抑的結果。這種本能壓抑是人類文明中最珍貴的價值基礎。這種被壓抑的本能為求得到徹底滿足而進行的抗拒從未停止過，而這種徹底滿足正是其原始滿足經驗的複製品。所有替代性機制或反相形成作用和昇華作用，對於緩解被壓抑之本能持續緊張的狀態，無法發揮多少作用。要求滿足的快樂感和實際獲得滿足的快樂感之間，具有程度差異，這個差距量提供某種驅動因素，它不允許停留在任何境地上止步不前。就如詩人所說的：「不畏艱險，昂頭向前。」[046] 普遍來說，達到完全滿足的後退之路，往往被堅持壓抑的牴觸作用所阻斷。這樣，除了朝另一個自由成長沒有受到阻礙的方向前進之外，別無其他選擇——儘管並不指望該過程能達到終點或實現目標。形成恐慌症所包含的這些過程，實際上只是想要避免某種本能的滿足，再無其他。這些過程提供了一個範例，指出這種被想像為「趨向完善的本能」的根源。

---

[046]　此處引用了《浮士德》（*Faust*）中的臺詞。

這種所謂的「趨向完善的本能」並不是人人都具有的。的確，促使它發展所需要的動力學條件是普遍存在的，但是，有助於這種現象產生的實際狀況卻少之又少。

想在此說明：假定把有機體結合到較大的整體中，這種愛慾的力量或許可以用來取代這種「趨向完善的本能」，但還不能承認這種取代源於該本能現象。或許，透過愛的本能所付出的這些努力，連同壓抑的結果，才可以共同解釋那些本能現象。

第六章

矛盾與連繫

　　行文至此,已經在「自我本能」和「性本能」之間做出明確的區分,並且認為,前者對趨向死亡施加壓力,而後者則對趨向生命的延長施加壓力。然而這個結論,哪怕是在我們自己看來,也有許多令人不滿意的地方。而且,實際上我們只能賦予自我本能保守的,或者更確切地說是退行性的特性 —— 與強迫性重複相對應的特性。因為,根據上面提出的假設,自我本能產生於生物開始有生命的那一刻,並把恢復到無生命狀態當作目的。而對於性本能來說,雖然它們確實重新恢復到有機體的原始狀態,但它們千方百計奮力以求達到的明確目的,是將兩個在某一特定方面有差異的生殖細胞結合起來。如果這種結合未能成功,那麼生殖細胞便會隨著多細胞有機體的其他成分一起死亡。只有這樣,性功能才能延長細胞的生命,假以永生。但是,在透過性生殖而得到不斷重複的生物體發展過程中,或者說在它的祖先 —— 兩個單細胞生物 [047] 的結合中,至關重要的

---

[047] 佛洛伊德使用的名詞「單細胞生物」(protista) 和「原生動物」(protozoa),在下文中好像不是指單細胞有機體。英譯本遵照原文。

要素究竟是什麼，無從回答。如果整個論證結果被證明是錯誤的，則自我本能或死的本能與性本能或生的本能之間的對立，將不復存在，強迫性重複也不再具有我們已賦予它的意義。

現在回過頭來看先前提出的一個假設，希望最終能夠明確對它做出否定。我們已經從所有的生物體都必定死於內在原因這個假設中，得出進一步結論。之所以如此隨意地做出這個假設，是因為它在人們看來並非假設。人們習慣於把它看作是事實。並且詩人們的作品，在思想方面強化了這個信念。或許正是因為它提供某種慰藉，人們才會堅持這樣的信念。如果必須要面臨死亡，並且在死亡前會先失去最愛的人，那麼，服從於一個無情的自然法則，服從於至高無上的「必然性」，總比屈服於某種本來可以避免的偶然遭遇更好受。但是，或許這種對死亡內在必然性的信念，也只不過是人們「忍受生命中不可承受之重」[048] 而製造的眾多幻覺中的另一種幻覺罷了。這當然不是原始信念。在原始人類中，根本不存在「自然死亡」這一理念。在他們當中發生的每一次死亡，他們都認為是由於某個敵人或某種魔鬼所導致。因此，要驗證這個信念的合理性，必須求助於生物學。

如果這樣做，便會驚訝地發現，在「自然死亡」這一觀念上，生物學家們各執己見。並且會注意到，事實上死亡的概念在他們的意識中已經完全消失了。至少在高等動物中，存在固定的

---

[048]　參見席勒（Schiller）《墨西拿的新娘》(*The Bride of Messina*) I，第 8 頁。

第六章 矛盾與連繫

平均壽命。這一事實顯然有利於證明存在著由於自然原因而導致的死亡。可是，當考慮到某些大型動物和某些巨型木本植物具有很長的生命，甚至直到現在也無法計算出來時，這個印象便會遭到否定。按照威廉·弗利斯（William Fliss，1906年）提出的廣義概念，有機體展示出來的所有生命現象（當然也包括它們的死亡）都與某些固定階段的結束有關。這些固定階段表明，有兩種生物體（雄性與雌性）對太陽年有依賴性。但是，當看到外部力量的影響是多麼容易、多麼廣泛地改變生命現象出現的時間，促使它們提早或延緩出現時（尤其是在植物界中），便會對弗利斯概念的嚴謹性產生懷疑，至少懷疑他制定的這些法則是不是唯一的決定因素。

在我們看來，魏斯曼（Weismann）的著作中，最吸引人的地方是他探討有機體的壽命和死亡主題。他正是首次把生物分成必死和不死兩部分的人。必死部分是指狹義的肉體，或稱為「軀體」，唯有這部分才是必定會自然死亡的。而生殖細胞則是內在永生的，因為它們能夠在適當條件下發展出一個新的個體，或者換句話說，能夠用一個新的軀體包裹自己。

令人感到震驚的是，在這點上，魏斯曼和我們的觀點竟有些相似。魏斯曼是從形態學的角度來考察生物體，他認為生物體裡面有一部分注定會死亡，這便是軀體，是除去與性和遺傳有關的物質部分。而另一部分則是不死的，即種質。它關係到物種的生存和繁衍。而我們所研究的並不是生物體本身，而是在

生物體中發揮作用的力量。這種方向的研究結果使我們區分出兩種本能：一種是引導有生命的物體走向死亡的本能，另一種是性的本能，這種本能始終致力於讓生命得以延續。這聽起來很像魏斯曼形態學理論中，動力學方面的結論。

然而，在深入了解了魏斯曼關於死亡問題的論述後，可以發現，上述這種表面上所具有的重要一致性消失了。因為其所謂必死的軀體和不死的種質之間的區別，只存在於多細胞的有機體中，而對於單細胞的有機體來說，個體細胞即是生殖的細胞。所以他認為，單細胞有機體是潛在不死的，而死亡只發生在多細胞動物身上。的確，較高等有機體的死亡是一種自然死亡，由內部原因造成。但是，這種死亡並不是建立在生物體的先天性質基礎上，而且也不能被視為生命本性中絕對的必然性。

不如說，死亡是一件有意義的事情，是生命體適應外部生活條件的一種表現。因為當生物體的細胞被區分為軀體和種質之後，個體壽命的無限延長就會是毫無意義的奢侈。當多細胞的有機體內發生這種分化之後，死亡就變得合情合理。從此，較高等有機體的軀體在某個固定階段之後，便會由於內部原因而死亡，而單細胞生物則保持不變。另外，繁殖並不會緊隨死亡而在自然界中接踵而來。相反地，繁殖是有生命物體的原始屬性，自地球出現生命時，繁殖便一直存在。

顯然，以這種方式承認較高等有機體存在自然死亡現象，對我們幾乎毫無助益。因為倘若死亡是有機體發展到後來才存

第六章 矛盾與連繫

在的現象,就不能說自地球出現生命起就有死的本能。多細胞有機體可能會死於內部原因,會因為不健全的分化或者本身有缺陷的新陳代謝而死亡。但是從我們在這個問題的觀點來看,並無任何意義。另外,對死亡起源的這般解釋,比起「死的本能」的陌生假設,更適用於人們習慣的思考方式。

在我看來,由魏斯曼的假設進行論斷,無論從哪個方面來說都沒有得出結論。[049] 一些作者回到戈特(Goette)在西元 1883 年提出的觀點上。戈特認為死亡是生命繁衍的直接結果;哈特曼(Hartmann)則認為,「已死去的軀體」(即生物體中必死的那部分)並不是判斷死亡的標準,而應將死亡視為「個體發展的終結」。從這層意義來講,原生動物也必將走向死亡。在原生動物中,死亡始終與生殖同時發生,只是在某種程度上被後者掩蓋,因為上一代原生動物的所有物質都可以被直接傳遞給年幼的後代。

在戈特提出上述觀點不久後,人們的研究方向開始轉向用單細胞有機體做實驗,以驗證所謂的生物體不死性。一位名叫伍德拉夫(Woodruff)的美國生物學家,用一條纖毛蟲做了這樣的實驗。纖毛蟲是一種浮游生物,它透過分裂成兩個個體的形式來進行繁衍。伍德拉夫的實驗一直到第 3,029 代纖毛蟲才中斷。他把每一次分裂後的兩個個體中的其中一個放置在清水裡。實

---

[049] 參見哈特曼(Hartmann, 1900 年)、利普許茨(Lipschutz, 1914 年)和多弗萊因(Doflein, 1919 年)的論述。

驗中，這個浮游生物的最後一代子孫與它的遠祖一樣生命力旺盛，毫無衰老或退化的跡象。因此，如果這個數字能夠令人信服的話，單細胞生物的不死性彷彿可以從實驗中得到證實。[050]

然而，另一些實驗卻得到不同的結論。與伍德拉夫的實驗結果相反，莫帕斯（Maupas）和卡爾金斯（Calkins）等人在實驗中發現，纖毛蟲在分化到一定數目之後，除非對它們採取某些補救措施，否則就會逐漸變得衰弱、體形縮小，並且因喪失某些組織而變得衰竭，直至死亡。若是如此，原生動物也完全像較高等的有機體那樣，在經過衰老期之後，便歸於死亡。這與魏斯曼的觀點──死亡是有生命的有機體後來獲得的──有著根本性的差異。

透過總結這些實驗結果，得出兩個事實，這似乎能使我們的論點站穩腳跟。

第一，兩個微生物在它們還未出現衰老現象之前，如果能夠相互結合起來，也就是能夠相互「接合」（然後再立即重新分離），那它們就可以免於衰老，而且會「重新健壯」起來。這種結合無疑是高等生物有性繁殖的原型，不過這時它與繁殖還沒有什麼連繫，僅僅限於兩種個體的物質混合（用魏斯曼的話來說就是「兩性融合」）。但是這種補救效果也可以用其他方法來代替。如使用某些興奮劑、改變供給它們的營養液的成分、提升它們的溫度或者搖晃它們。這使我們聯想到 J・洛布（J. Loeb）

---

[050] 參見利普許茨的論文（1914 年，第 26 頁和第 52 頁之後）。

第六章　矛盾與連繫

的著名實驗。他對海膽卵使用一些化學刺激物，隨後產生出通常只有在受精之後才會發生的細胞分裂過程。

第二，纖毛蟲仍然可能會走向生命自然死亡的結果。伍德拉夫的結論和其他研究者的發現之所以會有差異，其原因在於，伍德拉夫為每一代纖毛蟲提供了新鮮的營養液。如果不這樣做，他就會觀察到其他實驗者所看到的衰老現象。他得出結論：這些微生物是被它們排入周圍液體中的新陳代謝廢物所傷害。並因此做出這樣的結論性證明：對於這種特殊的微生物來說，唯有它們自身新陳代謝的廢物才對它們有致命的影響。因為，同一種微生物如果生活在自己的營養液中必定會死亡，但是如果生活在種屬關係較遠的物種的飽和排泄物中，卻會繁茂興旺。因此，如果讓一條纖毛蟲獨自生活，它就會由於無法徹底排清自身新陳代謝的廢物而自然死亡（這種缺陷或許同樣也是所有較高等動物死亡的最終原因）。

至此，可能產生這樣的疑問：透過研究原生動物的自然死亡問題，我們是否達到某些目的？我們可能無法觀察到的生物原始組織的某些重要狀況。雖然這些狀況事實上也存在於這類原生生物身上，但只有在高等動物身上才是可見的，因為在高等動物身上具有形態學的表現。倘若放棄了形態學的觀點而採取動力學的觀點，那麼在原生動物身上能否發現自然死亡現象的問題，對我們來說就無關緊要了。那種後來被人們意識到是不死的實體，在原生動物中還沒與必死的實體分離開來。那種

力求引導生命走向死亡的本能力量，或許從一開始就在原生動物身上發揮作用，不過，其作用可能被那股保存生命的力量完全遮蔽，以致人們很難找到本能力量存在的任何直接證據。況且，前面已經看到，生物學家們的觀察結果允許我們認為，這種趨向死亡的內在過程的確也存在於單細胞生物身上。即便依照魏斯曼的觀點，單細胞生物最後被證明是不死的，但是他關於死亡是後來才出現的現象這一論斷，也只能適用於說明死亡的外部現象，而無法否定關於死亡的趨向性過程的假定。

如此看來，我們的期望──生物學也許會否定有死的本能的存在，但是這個期望最終破滅了。如果還有研究死亡本能存在的其他理由的話，顯然可以繼續關注它。魏斯曼對軀體和種質的分離論，跟我們劃分出死的本能和生的本能之區別的理論，兩者之間的驚人相似性繼續存在著，並且保持其重要性。

可以在這種關於本能生命精妙的二元論所做的探討中稍作停留，留意一下赫林（E. Hering）的生物過程理論。這種理論稱，生物體中有兩種始終在發生作用的過程，它們作用的方向相反：──個是建構性的或同化的，另一個是破壞性的或異化的。我們有沒有勇氣下這樣一個結論：在生命過程所選擇的這兩個方向中，我們看到了兩種本能的衝動──生的本能和死的本能──在活動？無論如何，畢竟不能對另外一些事實的存在視而不見。我們的討論已經在不知不覺間進入了叔本華（Schopenhauer）的哲學範疇。在叔本華看來，死亡是「生命的真正結

第六章　矛盾與連繫

果,並且在同樣的意義上,是生命的最終目的」,[051] 而性的本能則是生的意志的展現。不妨再大膽地邁出一步。人們總是認為,許多細胞結合成一個有生命的統一體是有機體的多細胞特徵,細胞透過這種結合方式延長了自身生命。

細胞與細胞互相維繫對方的生命,以確保即使某個細胞不得不死亡時,細胞的統一體仍能夠繼續生存。兩個單細胞有機體的暫時結合,也叫做接合,能在這兩個有機體身上產生維持生命和使其增強生命力的作用。因此,可以嘗試以精神分析中總結出的力比多理論來說明細胞之間的相互關係。假設情況是這樣,運作於每個細胞中的生的本能或性本能將其他細胞作為自己的對象,它們在這些細胞中能部分地平衡死的本能(即由後者引起的過程)的作用,以此來維繫這些細胞的生命。而另一些細胞也為它們做同樣的事。另外,還有一些細胞使用力比多功能時犧牲了自己。生殖細胞本身則完全採取「自戀」形式的行為──通常習慣在精神官能症理論中使用這個詞語,用以描述一個完整的個體:它將力比多保留在它的自我中,而絲毫不讓力比多消耗在對象性貫注中。生殖細胞需要自己的力比多,也就是其自身生的本能的活動,用以作為以後龐大建設性活動的潛藏儲備(在這層意義上,或許可以把那些毀壞有機體的惡性瘤細胞視為具有自戀性。病理學確實打算把這種惡性細胞看成是天生的,並且賦予它們胚胎學的特徵)。從這方面來看,就像詩

---

[051] 參見許布舍爾(Hubscher)主編的《叔本華全集》(*Arthur Schopenhauer. Sämtliche Werke*, 1938 年),第 5 卷第 236 頁。

人和哲學家展現愛的本能那般，我們所說的性本能的力比多，能使一切有生命的事物聚合在一起。

因此，在這裡有機會回顧一下力比多理論緩慢的發展過程。起初，對移情性精神官能症的分析迫使人們注意到，在那些指向特定對象的「性本能」和其他本能之間存在對立。而對於其他本能，人們知之甚少，因而暫時稱其為「自我本能」。[052] 在自我本能中，把個體保留對自身有益的本能作為最重要的部分。把自我本能再作其他區分，這在當時是不可能的。對於建構一門真正的心理科學基礎來說，最重要的知識是大致掌握本能的一般特點和可能存在的差異特徵。我們當時是在黑暗中摸索。但並非所有心理學領域的建構都是如此，就像古希臘自然哲學家用他們設想的四種元素：土、空氣、火和水，來拼湊其哲學理論一樣，每個人都可以毫無根據地假定有多少本能或「基本的本能」存在，並且用這些本能隨意拼湊心理科學。精神分析也不可避免地要對本能問題做出某種假定。最初，對本能做出常見的區分，沒有任何編造武斷，即以「飢餓和愛」為代表的區分。在精神官能症的分析工作中，正是藉助於這種區分，才取得了很大的進展。事實上，「性」和性本能的概念必須擴大，甚至一些不屬於生殖功能範疇的東西，也可以用這個概念去解釋。但這一做法勢必會在嚴肅而又道貌岸然的世界中引起巨大的騷動。

---

[052] 可參閱佛洛伊德在《論視覺的心因性障礙》(1910 年 i) 論文中對這種對立做的說明。

第六章　矛盾與連繫

進一步進行精神分析的研究時，發現心理學的自我是一種壓抑的、稽查性的、能建立保護層和反相形成的力量。其實，僅僅把力比多概念理解為指向某個對象的性本能能量，那些持批評意見者和富有遠見卓識的人，一直以來都對此持否定態度。但是他們卻沒有說明自己是如何得到這一完整理解的，也沒有提出精神分析中可以利用的任何東西。在對精神分析更加謹慎的研究過程中，我們觀察到使力比多脫離對象而轉向自我（即內在過程）的規律性。而且透過對兒童早期階段力比多發展的研究，得出如下結論：自我是力比多真正的、原始的倉庫。[053] 力比多唯有從這個倉庫出發，才能被擴展到對象中去。這樣一來，自我在性的對象中便找到自己的地位，並且立即獲得在它們中間最重要的地位。力比多以這樣的方式存在於自我中，並被描述為「自戀性的」。[054] 這一術語是從精神分析的層面來講的，這種自戀性的力比多當然也是性本能之力的表現形式之一，並很自然地把它等同於一開始就被承認的「自我保存本能」。如此，自我本能和性本能之間原始的對立，便被證明是不恰當的。人們發現，自我本能的一部分成分具有力比多性質，而性本能——可能還有其他本能——是在自我之中發揮作用的。但是，仍有理由認為，之前的觀點，即認為精神性精神官能症建立在自我本能和性本能之間的衝突之上，現在尚且不應該被拋棄。問題

---

[053] 佛洛伊德在他的《論自戀》（1914 年 c）論文第 1 節中，詳細地展開對這個觀點的論述。但是在他後來寫的《自我與本我》（1923 年 b）一書第三章接近開頭部分的註腳中，對這個結論做了更正，並且把本我視為「力比多的大倉庫」。

[054] 作者注：參見我的《論自戀》（1914 年 c）第 1 節。

只是在於，以前是把兩種本能之間的差異看作性質上的差異，而現在則應把這種差異視為心理形態學上的差異。此外，我們仍堅持這個觀點：精神分析的基本課題——移情性精神官能症——仍是由自我和力比多所貫注的對象之間的衝突所致。

現在，既然想要進一步大膽地把性的本能視為愛的本能，即萬物存在的維護者，把保存在身體細胞相互連結中的力比多，視為自我的自戀性力比多泉源，那麼，就更有必要把研究的重點放在自我保存本能的力比多特徵上。但是，此時突然又遇到另外一個問題：如果自我保存本能也具有力比多性，那麼除了具有力比多特性的本能之外，就不存在任何其他本能了嗎？不過，確實沒有觀察到其他本能的存在。

在這種情況下，最終不得不承認那些批評者們的正確性，他們從一開始就認為，精神分析理論是用性來解釋一切事物。或者我們不得不同意如榮格（Carl Jung）這類創新者們的意見，他們做出頗為草率的判斷，即用「力比多」這個詞來指稱普遍的本能力量。難道不是嗎？

但是，得出這樣的結論不是我們的目的。我們從十分明確的本能區分作為出發點，即自我的本能（我們所說的死的本能）與性本能（我們所說的生的本能）。（雖然曾在某一時期想把所謂的自我保存本能囊括到死的本能中去，但是後來糾正了這一觀點，並沒有這樣做。）所以我們的觀點從一開始就是二元論的。但現在，既然把兩種本能間的對立視為生的本能和死的本

第六章 矛盾與連繫

能之間的對立,而不是自我本能和性本能之間的對立,那麼就進一步明確證實了我們的二元論。相反地,榮格的力比多理論是一元論,他把力比多當作唯一的本能力量。這種必然會產生混亂,只不過對我們沒有產生任何影響罷了。我們懷疑,自我中發揮作用的不是自我保存本能,而另有其他本能,應該能夠找出它們。但很遺憾,對自我的分析研究工作進展得很緩慢,致使我們還無法提出明確答案。其實,自我中存在的力比多特性可能以一種特殊方式 [055] 與另一些還未知的自我本能結合在一起。甚至在我們還沒有清楚地認知到自戀時,精神分析學家就已經這樣認為,「自我本能」中存在力比多特性。但是這種極其不確定的可能性,甚至連我們的對立派也不曾注意到。所以問題依然存在:迄今為止除了力比多的本能之外,精神分析理論仍無法幫助我們找到其他「自我的」本能存在。但這並不能成為同意其他本能不存在的理由。

鑑於目前關於本能的理論研究模糊不清,因而拒絕任何使之清晰明白的觀點都是不明智的。我們以承認生的本能與死的本能之間具有鮮明對立作為出發點。現在,對象「愛」向我們提供第二種類似的兩極對立例子,即愛(或柔情)和恨(或攻擊)。要是能成功地把這兩極連繫起來,從一極追溯到另一極,該有多好啊!我們早就意識到,性本能中具有施虐的成分。[056] 如我

---

[055] 透過本能的「聚集」,借用阿德賴爾(Adler)的術語。
[056] 作者注:我在 1905 年發表的《性學三論》的第 1 版中,就已經這樣認為了(參見《標準版全集》第 7 卷第 157 頁以後)。

們所知，這種成分能使性本能保持獨立狀態，以性變態的方式來控制一個人的所有性活動。在「前生殖器組織」中，它是作為主要本能出現的。然而這種以傷害對象為目的的施虐本能，是如何從生的本能中誕生的，即由生命的愛慾中所產生的？如果假定這些施虐傾向實際上是死的本能，是在自戀性力比多影響下，被迫離開自我，以致最後只能在與對象的關係中展現，那麼，這種假定有道理嗎？此時這種施虐傾向開始有助於性功能的發揮。在性心理發展的口腔期中，在性方面獲取對對象的控制行為與對該對象的攻擊是相同的。隨後，施虐本能分離出來，最後在以性器戀為主的階段抱著生殖目的，做出壓抑性對象的性活動。其實也許可以這樣認為：從自我中被迫離開的施虐性傾向，已經為性本能的力比多成分指明了方向，這些成分後來跟隨它被強加到性對象身上。我們發現，凡是在最初的施虐傾向沒有被緩和或找到替代的人，在性生活中普遍具有人們所熟悉的那種對對象既愛又恨的矛盾狀況。

如果以上的假定成立，那麼我們就必須提出——個死的本能的例子（雖然這裡死的本能實質上已被置換）。不過，這種看待事物的方法很難掌握，而且確實會給人神祕的感覺。也許你會懷疑這種做法彷彿是要不惜任何代價來尋找一條擺脫窘迫境地的出路。但是，回憶一下便可知道，在這類假定中並沒有什麼新東西。在這種窘迫情況出現之前，我們早就提出過這樣的假定。那時，在經過臨床觀察後我們認為：對施虐狂傾向的理

第六章　矛盾與連繫

解，是施虐傾向的補充現象 —— 受虐傾向的那部分本能轉向主體本身，而形成反作用。[057] 可是，本能從對象轉向自我和從自我轉向對象之間，並沒有什麼原則上的區別。後者正好印證剛剛討論的新觀點。受虐傾向 —— 施虐本能朝主體自我轉向，這種情況就是回復到本能發展史上的早期階段，它是一種退行現象。以前人們對受虐現象所做的說明在有些方面太籠統，因此需要做些修正：或許存在著這種初級的受虐傾向，這是當時我曾竭力為之爭辯的一種可能性。[058]

現在，讓我們再回到自我保存的性本能上。單細胞生物的實驗已經表明，二者結合，即隨後就立即分離而不導致細胞分裂現象發生的個體結合，之後這兩個細胞都會有「返老還童」的現象。在後來繁殖出來的後代身上，並沒有退化的跡象，反而彷彿能夠對自身新陳代謝的有害物質產生更為長久的抵抗作用。我認為，同樣也可以把這個實驗結果看作是性的結合作用的典型事例。但是，兩個僅有些細小差異的細胞相互結合之後，如何能產生新的生命力呢？這個實驗揭示出明確的解釋：這種結果是把性本能的施虐部分描述為「破壞性的」。斯塔克（A. Starke, 1914 年）曾再次試圖將力比多概念和關於趨向死亡的衝動的生物學概念（這是基於理論做出的假設）畫上等號。請參見

---

[057] 作者注：參見我的《性學三論》（1905 年 d），《標準版全集》第 7 卷第 158 頁和《本能及其變化》（1915 年 c）。

[058] 作者注：薩比納·斯比爾賴恩（Sabina Spielrein, 1912 年），曾有一篇富有教益、趣味橫生的論文，文中預見到這些論點中的大部分內容。但很遺憾，這篇論文的內容在我看來並沒有很清楚。

蘭克（Rank）的論述（1907年）。所有這些討論，一如本書中的討論，都表明需要澄清某個始終還未被正確解釋的本能理論。

由引入的新刺激造成的，如使用化學作用或者物理刺激。這一點十分符合如下假設：個體的生命過程由於內部原因而導致某些化學張力消失，也就是導致死亡。但是，與另一個不同的個體生命物質結合之後，這種張力便可得到增強。這種結合引入了一些可稱之為新的「活力差異」的東西，它們被引入之後成為維繫生命的基礎。對於這種差異，自然有一些或者許多種理想的解釋。而在心理生活中，也許可以說是在普遍的神經活動中，還有更為可信的心理傾向，努力使因為刺激而產生的內部張力減弱，或使其保持穩定，或將其排除（用巴巴拉・洛（Barbara Low, 1920年，第73頁）的術語來說就是「涅槃原則」）。這種傾向是快樂原則表達的方式之一。而對這個事實的認知，是我們相信死的本能確實存在的最有力依據之一。

但在此仍然感到，一項事實阻礙了我們的思路，即無法把性本能歸於強迫性重複的特徵上（最初正是強迫性重複使我們想到去探究死的本能）。毫無疑問，胚胎的發展過程充滿大量這類重複現象，進行有性生殖的兩個生殖細胞，乃至生命本身，只不過是對有機體生命開端的重複。但是，性本能的本質，乃是兩個細胞體的結合。正是由這種結合確保高等有機體中生命物質的不死。

換言之，針對關於性生殖的起源以及一般性本能的起源，

第六章 矛盾與連繫

我們需要更多知識。這是難倒外行人的難題，即使是專家迄今也沒有完全解決。因此，只能從眾多不同的觀點和見解中，挑選出那些似乎與我們的觀點線索有關的內容，做簡要的論述。

在各式各樣的觀點和見解中，有一種觀點試圖透過把生殖看作是另一種生長的形式（試比較分裂繁殖、抽條或萌芽等繁殖現象），來消除生殖問題的神祕性。以正統的達爾文主義觀點來描繪，不同性別的生殖細胞所進行的生殖，其起源即假定兩個單細胞生物的偶然結合而達到兩性融合，而這種兩性融合的優點則在後來的發展中被繼承了下來，並得到進一步利用。[059] 照這種觀點來看，「性」並不是非常悠久的事情，而那些努力驅使性結合的、十分衝動的本能，不過是在重複以前偶然發生過的過程，這個過程由於其優點而被保留下來。

與前面討論死的本能時一樣，這裡產生出一個問題：把那些實際表現出來的特性，僅僅歸之於這些單細胞體的行為究竟正確與否？當設想那些只有在高等有機物中才可觀察到的各種力量和過程，最初是在這些單細胞生物身上形成的，這種假設是否正確？剛才關於性慾的觀點，幾乎沒辦法幫助我們達到目的。可能很多人都會批評這種觀點：它假定生的本能早已存在於最簡單的有機體之中，因為不然的話，接合這種改變生命歷

---

[059] 儘管魏斯曼也否認這些優勢，他說：「受精絕不等同於生命力的恢復或更新，這個現象的出現也不能確定是為了生命的延續；它不過是使兩個具有不同遺傳傾向的結合成為可能的一種安排。」可是，他相信此結合更容易導致這種有機體的變異。

程並阻礙死亡發生的作用，就不會被延續下來並進一步完善，而是會被加以迴避。所以，如果打算堅持假設死的本能是存在的，就必須承認，它們從一開始起就與生的本能相互連繫。同時也要承認，在這種情況下，我們要解的是一道有兩個未知數的方程式。

科學為我們提供關於性慾起源問題的知識，除去這些內容之外就什麼都沒有了，因此這個題目面臨的狀況是這樣一種黑暗，黑得連哪怕一條假設的光線都無法照進來。不過，在另一個完全不同的領域中，確實碰到了一個假設，它看上去是如此的離奇，完全像一則神話，而不是科學解釋。如果它沒有恰好滿足我們需要的條件的話，我是不會輕率地在這裡提及它的，因為它的產生乃是由於一種恢復事物某種初始狀態所需要的本能。

這裡要提到柏拉圖（Plato）在《會飲篇》（*Symposium*）中以阿里斯多芬（Aristophanes）之口提出的一個學說。這個學說不僅探討了性本能的起源問題，而且還研究性本能與其對象關係所發生的最重要改變。「人類最開始的本性並非現在這個樣子，那時看起來別有一番景象。最初有三種性別，而不像如今只有兩種。除了男性和女性，還有一種是男女混合性……」在這些原始人身上所有東西都是雙重的，他們有四隻手，四條腿，兩張臉，兩個生殖器，其他部位也是雙份。後來，宙斯決定把這些人分成兩半，「就像為了剔除果核而把梨子切成兩半那樣」。

第六章　矛盾與連繫

被分成兩半後的人,「由於每一半都思念自己的另外一半,於是他們結合在一起,拚命地伸出手臂擁抱彼此,渴望繼續長在一起。」[060]

我們可否依照這位詩人哲學家賜予的啟示,大膽地做出假設:生物體在獲得生命的時候就被分裂成許多碎粒,而這些碎粒從此就力圖透過性本能重新聚合起來?假設再向前推進:隨著原生生物進化而發展的這些本能,一直具有無生命物質的化學親和性,逐步成功克服由環境為致力於重新聚合而設定的困難,這種刺激環境同樣迫使它們形成保護性皮層?生物體的這些分裂碎粒以這種方式獲得成為多細胞生物的條件,而最終以最高度集中的形式,把尋求重新聚合的本能轉移到生殖細胞?──不過我想,這正是迎來新突破的時候。

---

[060]　作者注:我必須感謝維也納大學教授──海恩里希·戈姆佩爾茨(Heinrich Gomperz),因為有一部分內容直接引用他關於柏拉圖神話來源的討論。值得注意的是,幾乎同樣的理論在奧義書中已經出現過。可以在《婆哩訶陀阿蘭諾迦奧義書》的第1、3、4章中找到如下段落,描述了世界從自我(Atman)中起源的情形:「然而,他並沒有感到快樂,作為一個孤獨的人,是不會感到快樂的。他希望有第二個人,他像男人和女人合體在一起時那樣龐大,結果他把自己分為兩部分,也就是丈夫和妻子。因而雅各那吠庫阿(Yagñavalkya)說:『我們倆各自都像半個貝殼,因此中間那空缺就讓妻子來填充。』」《婆哩訶陀阿蘭諾迦奧義書》是奧義書中最古老的一部。據最有資格的權威考證,它至晚於約西元前800年就出現了。不同於當下流行的觀點,即使僅僅是間接地,我認為不排除柏拉圖的神話源自於印度的可能性,因為在關於輪迴的學說,也不可能排除類似情況。但是,即使這種淵源關係(首先以畢達哥拉斯學派為媒介)得以確立,這兩種思想體系之間的一致性意義也幾乎不會被削減。因為如果這個故事真的打動了柏拉圖的話,就是由於它包含某些真理,否則他不會採納這則透過東方的途徑得知的故事,更談不上會賦予它如此重要的地位。有篇論文詳盡考察柏拉圖時代以前的這條思想體系,齊格勒(Ziegler, 1913年)把這條思想線索的起源追溯到巴比倫。

但是，對這個結果不能不帶有一些批判性思考。有人大概會問我到底相不相信上述這些假設的真實性呢？即便相信，又相信到何種程度？我的回答是：連我自己都沒有被說服，也不勉強別人去相信。或者更確切地說，我不清楚自己該對這些假設有多深的信賴。相信是一種情感因素，在我看來，不需要摻雜到這個問題的考慮中。如果讀者出於純粹科學的好奇心，願意的話，可以作為一個不被魔鬼操控的盡善盡美者，沿著某種思路一直走下去，逐一探索每一個結論。對如下事實我沒有異議：這是我在本能理論的進展中，所邁出的第三步，不能斷言如前兩步——性慾概念的擴展以及做出關於自戀的假設——那般正確無疑。因為前兩個成果是直接透過觀察而形成的理論，所以相較於同樣基於這種情況下產生的所有理論，它們出錯的可能較低。是的，關於本能具有退行特性的觀點，也是基於觀察得來的資料，即依據強迫性重複的事實。不過，可能是我高估了這些事實的實用價值。想繼續論證這樣一種思想，如果沒有不斷地將事實資料與純思辨資料結合起來，無論如何也不可能得出這樣的結論。在理論的形成過程中，眾所周知，越是頻繁地進行這種結合，越無法得出令人信服的結果。但是，理論就是有含混的不確定性。有時一個人幸運地押對寶，有時則走上悲情的迷途。在這項工作中，我認為所謂的「直覺」(intuition)沒發揮多大的作用。所謂直覺，似乎是一種理智公正態度的產物。但是作為人類，不幸的是，當涉及根本性事物及科學

第六章 矛盾與連繫

和生活的重大問題時,想做到絲毫不帶偏見是不可能的。在這些時候,每個人都受到一些內心深處的偏見左右,我們的思路也不知不覺地跟隨這些偏見的方向。既然已經擁有如此充足的理由來懷疑那些假設,那麼,當在評論某項理論時,對自己所下的結論最好是保持客觀理性的態度。不過,在此要多說一句話:這樣的自我批評態度,並不是要強制人們對與大多數人不一致的見解,懷有特別的寬容。合理的做法不外乎是,毫不猶豫地否定那些從──開始就與根據觀察到的事實所做的分析相悖的理論,但同時也清楚地意識到,自己的理論的合理性也只是暫時的。

在審視對生的本能和死的本能的理解時,不要以為真的會出現那些令人思索不透和模糊不清的過程。這些過程就是一種本能排斥另一種本能,一種本能從自我轉向某個對象,等等。因為在表述問題時不可避免地使用一些科學術語,確切地說,是一種心理學詞彙(更確切地說,是深層心理學特有的比喻性語詞)導致出現這些情況。如果不使用這些語詞,就無從描述上述過程,而且甚至談不上理解這些過程。若是能用生理學或化學的術語來代替心理學的術語,那麼存在於描述中的誤解也許會消失。其實,生理學和化學的術語同樣屬於某種比喻性語詞,只是它們出現更早,同時也更簡單,人們對其更加熟悉。

很有必要清楚地指出另一個事實,由於不得不借鑑於生物學,所以大大增加我們觀點中的不確定成分。生物學真是一片充

滿無盡可能性的領域。我們不懷疑它可能提供驚人的資訊,也無法預測幾十年過後,它將如何回答我們向它提出的問題。也許這些答案有一朝會毀滅我們一廂情願建構起來的整個假設。如果真是這樣,人們將來會問,為什麼我還選擇當下的這種思路,尤其是為什麼還決定將它公之於眾呢?是的,我無法否認,其中包含的各種類比、關聯和連繫,是很值得深思的。[061]

---

[061] 作者注:我想透過附屬的說明,來明確定義一些術語。經過這本書的敘述,這些術語已經有了一些發展。一開始對於「性本能」性質的認知,是從性本能與性的關係以及與生殖功能的關係得來的。根據精神分析理論的發現,我們不得不削弱性本能與生殖功能之間的連繫,但我仍然保留了「性本能」這個術語。自從提出自戀性力比多的假說,而且將力比多概念深化到個體細胞,就把性本能轉變成旨在促進生物體的各部分趨向一體,並且結合起來的愛的本能。通常,被人們稱作性本能的東西指的是愛慾的組成部分,而這一部分指向的是對象。我們推測,愛的本能從生命的起點便開始發揮作用。「生的本能」作為「死的本能」的對立面表現出來,而後者是隨著無機物向有機活體轉化之時產生的。這些推測是想透過設定「這兩種本能(那時對這些傾向了解不多)自誕生起就相互對抗」來解開生命之謎。也許要理解「自我的本能」這一術語是如何發生轉變的並不太容易,起初,我們把這個名字用於一切本能的傾向,這些傾向可以區分自身和指向某對象的性本能。我們使自我的本能與性本能位於對立面,性本能既以力比多為表現形式。此後,在深入分析自我的過程中,意識到部分的「自我本能」也具有力比多的特質,並且它的自我就是主體本身,因此這些自戀性自我保存本能,就只被包括在力比多的性本能之中。自我本能和性本能之間的對立,就這樣轉變成自我本能和對象本能之間的對立。這二者其實都具有力比多的性質。二者統一,又造成新的對立取代原來的對立,這便是力比多本能(即自我和對象)和其他本能之間的對立。據推測,其他本能的痕跡可以在自我之中找到,實際上或許可以從破壞性本能中發現。我們主張把這種對立轉變成生的本能和死的本能之間的對立。

第七章

結論

　　如果期望復原事物初始階段的狀態是本能的普遍特性，那麼當我們發現心智活動中發生了許多並不依據快樂原則的過程，應當不必感到十分驚訝。所有本能共有這個特性，只要回到發展過程中的某個特定階段，就達到它們的目的。這些是快樂原則始終未能奏效的部分，但是也不能認為，它們之中每一個都與快樂原則背道而馳。還有一個問題須趕緊解決，那就是本能的重複過程與快樂原則占有支配地位二者間的關係問題。

　　我們已經明白，心理結構最初的也是最重要的功能之一，就是把不斷衝擊它的本能衝動聚集起來，用繼發過程代替這些衝動慣有的原發過程，並且讓它們自由流動的精神能量貫注轉變成整體穩定的（收緊的）精神能量。經歷這種轉變之後，就不會注意到不快樂的發展程序了，但也並不代表快樂原則的作用消除了。相反地，這種轉變正是為了快樂原則而發生的，上述對本能衝動的聚集活動，也是引入快樂原則的準備步驟，並且確立快樂原則的支配地位。

　　下面就來做個更明確的區分，在功能和傾向兩個概念上，

從未區分得如此明確。

快樂原則在這種區分方法下劃歸為一種傾向，作用是使功能得以發揮，這種功能可使心理結構完全擺脫興奮狀態，或者能讓興奮程度保持不變，或者可以使興奮程度維持在最低水準。然而在這些表述中，還不能對其中任何一個表示認同。但是有一點可以肯定：被如此定義的功能和一切有機生命體的普遍努力相關，即努力回歸到平靜的無生命世界。人們曾體會過的愉悅快感，是性生活所帶來的，知道它如何與極度歡愉的亢奮狀態瞬時消散連繫起來。這種對本能興奮的積聚屬於預備性功能，為了在最終釋放的快樂中，將興奮消耗殆盡做好準備。

隨之而來的問題是：快樂或者不快樂的情感，是否可能發生於受到聚集的興奮過程或是未受到聚集的興奮過程呢？看來是確信無疑的，沒有發生聚集現象的或原發過程，不論從快樂還是不快樂的感受方面，帶來的強度都大幅度超過受聚集的和繼發過程。此外，原發過程是最早產生的。心智活動的起始階段，沒有其他過程存在，我們能夠斷言，假如快樂原則在原發過程中沒有率先發揮作用的話，那麼之後它再也不會因其後發生的任何過程而得到確立。至此，得到了一個絕不簡單的結論，那就是在心智活動的最初時期，為了得到快樂而做的反應遠比後來激烈，但不像那樣無套路可循。這種反應被突然的干擾打斷是常有的事，直到後幾個階段，快樂原則的主導地位更加鞏固，但它和所有其他本能一樣，終不能逃脫被馴服的過程。一言以蔽

第七章　結論

之，凡是在興奮過程中導致快樂或不快樂產生的東西，只要存在於原發過程中，也必定存在於繼發過程中。

在這裡或許可以開啟新的研究方向。意識不光從內部向我們傳遞出快樂及不快樂的情感，還將一種收緊的特殊感受傳達給我們，這種收緊可以是快樂的，也可以是不快樂的。難道就是這兩種情感間的差別，讓我們區分出興奮被聚集和沒被聚集的能量過程嗎？或者說，收緊感也許和貫注力的絕對數量有關，也許和貫注力的標準有關，而快樂和不快樂的序列象徵著貫注力的量在一定單位時間內的增減？[062] 另一個令人震驚的事實：生的本能與內在感知有著數不盡的連繫，自生的本能出現之時，就成為平靜狀態的破壞者，並伴隨著它們不斷產生的收緊狀態，收緊的釋放帶來快樂的感受；而死的本能，在完成它們功用的過程中，則是悄無聲息的。實際上快樂原則所服務的是死的本能。是的，它一直對外部的刺激保持警惕，畢竟生的本能和死的本能都把那些刺激視為危險。但是，快樂原則更加防備內部刺激的增加，因為內部的刺激越強，生存的任務就越艱難。如此下來，就會有數不清的問題接踵而至，我們無法提出相應的答案。必須有足夠的耐心，等待新的方法出現，等待新的研究機遇。如果我們向來沿襲的研究路徑沒辦法引領我們得到最正確的結論，就要考慮隨時準備將它拋棄。只有那些把科學作為已經拋棄的經卷替代品的舊宗教信徒，才會指責科學研

---

[062]　參見《科學心理學設計》第一部分第 8 節和第 3 部分第 1 節。

究者發展或改變自身觀點。面對緩慢增加的科學知識,也許可以用下面兩句詩聊以自慰:不能飛行達之,則應跛行至之。聖書早已言明,跛行並非罪孽。[063]

---

[063] 取自哈里里的《馬卡梅韻文故事》(*Maqama*)中一首名為〈雙盾〉的詩,亦可參見《佛洛伊德書信集》。

群眾心理學與
自我分析

第一章

導論

乍看之下,個體心理學(individual psychology)與社會心理學或群眾心理學(group psychology)之間的對比似乎意義非凡,但只要仔細地稍加審視,便會發現這種比較存在著諸多模糊性。的確,個體心理學更關注作為個體的人,其不斷找尋探究一種途徑,得以用來滿足本能衝動。但只有在罕見的特定條件下,個體心理學方能忽視個體與他人之間的關係。在個體的心理生活中,總是不可避免地會將其他人牽涉進來。這個人或是楷模,或是客體(object)[064],或是協助者,或是敵手。因此,從一開始,個體心理學在其延伸的而又全然合乎原詞本意的意義上,便與社會心理學相當。

---

[064] 「Object」有時也譯作對象、物體,此詞源自拉丁文「objectum」,其中「ob」為英文的「over against」,而「jacere」為英文的「to throw」,合起來有「迎面丟來之物」的含意。客體指獨立於心靈之外而存在的事物,在哲學中,通常包括下列意義:(1) 呈現於感官之前的物,具有可見、可碰觸到等可感性質;(2) 呈現於意識(consciousness)之中,使意識有所知覺的物;(3) 可在言語中論及並命名的物,特別是具有實質意義的名詞(Noun)。客體與人類意識之基本關係有二:(1) 客體是外在世界中的事物(Thing),為物質性的客體(Material Object),獨立存在於人的感官與意識之外,且可為人所注意到;(2) 客體是一種心智性內容(Mental Content),可以進入人的意識中。

事實上，個體與其父母、兄弟姐妹、所愛之人和醫生之間的關係，也是迄今為止精神分析研究作為首要課題的所有關係，都應被視為社會現象而加以考量。就此而言，可以將它們與某些表述為「自戀型」(narcissistic) 的其他情形相比較。在後一類情況下，本能滿足的部分或全部脫離了其他人的影響。如此一來，社會心理行為和自戀型心理行為（布魯勒 [Bleuler] 也許會稱其為自閉型心理行為）之間的比較，便全部落入個體心理學的範疇，與此同時，也無法輕易地將個體心理學與社會或群眾心理學作出區隔。

個體處於以上提及的種種關係之中，包括與父母、兄弟姐妹、愛人、朋友和醫生的關係，但只會受單個人或者說極少部分人的影響。於個體而言，這少部分人中的每一個都極為重要。如今，人們在論及社會或群眾心理學時，將這些關係棄置一旁、剔除於外是司空見慣的事，即便這個學科探究的是多個人對個體同時產生的影響，這些人與個體之間具有某種連繫，儘管他們在很多方面都讓個體感到陌生。因此，群體心理學所關注的個體往往是種族、國家、階級、行業和機構的成員，或者說是在某段時期因特定目標而組織起來的團體成員。一旦天然的連續性被以這種方式所切斷，同時原本自然連結的事物之間出現裂縫，人們就會傾向於將這種於特定環境下出現的現象，視為無法進一步還原的獨特本能，即社會本能 (social instinct，或者說群居本能 [herd instinct]、群體心智 [group mind])；社會本

能在其他任何情境下都不會顯露出來。不過，也許可以勇敢地提出異議——賦予數量因素如此重大的意義並不合理，因為這代表著它能夠獨立喚起人們心理生活中的新本能，而這種新本能在其他情形下又會發揮效用。因此，我們就期許另外兩種可能性：一是社會本能並非一種原始的、不可繼續細分的本能；二是也許可以在更為精細的範疇裡，發掘出社會本能的形成開端，譬如家庭中。

群體心理學雖然尚處於襁褓之中，但它已然承受互不相干的各類爭議，帶給研究者的問題不計其數。到目前為止，這些問題還沒有被恰當地區分辨識。僅僅對不同類型的群體構成進行分類，並就其產生的心理現象加以表述，就需要大量的研究和闡釋工作，而且已經催生出豐富充足的文獻。任何人將這本小書的狹窄維度與群眾心理學的廣闊內涵加以比較，都能立刻推測出，本書僅從整個議題中選取少量要點進行探討。事實上，它們將會是精神分析的深層心理學 [065]（depth-psychology）所特別關注的問題。

---

[065] 深層心理學的重點是認為見於表面的心理狀況，可能和隱含在內心深層的恰好相反，若只根據外在表現，不足以確定真實的心理，要深入了解內在的感受、尤其要了解人格，則須進入深層。

第二章

勒龐的群眾心理

　　探討問題時，不宜從定義著手，而應首先指明當下研究現象的範疇，而後從中選擇出一些尤其引人注目的典型事實；我們的研究就依附於這些事實。透過引證勒龐（Le Bon）當之無愧的名作《烏合之眾》（*Psychologie Des Foules*）中的內容，就可以達成上述目標。讓我們將問題表述得更加清晰。假設有一門心理學，它旨在探究個體的癖好、本能衝動、動機和目標，乃至個體的行為以及與最親近的人之間的關係。倘若這門心理學徹底地完成了任務，闡明這些相互關聯的問題，這時它便會突然發現，有一個尚未解決的新問題阻擋於前。它將不得不解釋一個驚人的事實：這個它已經研究透澈的個體，在特定情境下，正以全然出乎先前預料的方式思考、感受和行動。而這個情境，便是個體融入一群獲得「心理群體」（psychological group）特徵的人當中。那麼，所謂的「群體」是什麼？它是如何獲得這樣強大的能力，進而對個體的心理生活產生決定性影響的？另外，它迫使個體產生心理變化的本質是什麼？

　　回答上述三個問題是群眾心理學的任務。解決這些問題的

最佳途徑，顯然是從第三個問題著手。觀察個體的反應變化，進而為群眾心理學提供研究素材，因為在每一次闡釋之前，總要先對意欲闡釋的事物加以表述。

現在，直接引用勒龐的論述。他寫道：「心理群體呈現出來最引人注目的特徵是：無論組成這個心理群體的個體是誰，無論他們的生活方式、職業、性格或者才智的相似程度如何，既然已經組成一個群體，他們便會被置於群眾心理的控制之下，這種心理迫使他們採取與獨處狀態全然不同的方式去感受、思考和行動。如果除去個體組成群體的情形，某些思想和感情便不會形成，或者不會將自身落實為實實在在的行動。心理群體是由異質元素組成的短暫存在，它們暫時性地聚集在一起，和細胞經由重新排列組合進而形成新的生命體一樣。生命體呈現出來的特徵，全然不同於各個細胞所單獨具備的特徵。」

我們就此打斷勒龐的論述，冒昧地加入自己的註解，並針對性地提出一種觀點。倘若身處群體中的個體想要結合成一個整體，就必須要有某物將他們聯合起來，而這個紐帶可能恰恰就是群體的典型特徵。但勒龐並未回答這一問題，他繼續探究身處群體之中的個體所經歷的變化，並採用與深層心理學的基本假設協調一致的術語進行表述。

「要證明群體的單一成員與孤立個體之間具有巨大差異非常簡單，但要找出導致這種差異的原因則並不容易。」

「無論如何，想要粗略地理解這些因素，首先必須回憶起現

代心理學所確立的真理,即無意識現象不僅在有機體的生命中占據著壓倒性優勢,在智力活動中同樣如此。相較於心智的無意識活動,心智的有意識活動所發揮的作用非常微小。即便是最敏感的分析者、最精明的觀察者,也只能察覺極少量決定其行為的有意識動機。無意識的基質導致有意識的行為,並且,這種心理的無意識基質主要受遺傳因素的影響而產生。無意識基質包含不計其數的共同特徵,這些特徵世代相傳,構成一個民族的天賦。行為的背後有我們公開承認的原因,但在這些原因之後,無疑還存在著沒有坦率說明的祕密動機。而在這些祕密動機之後,還會有許多其他更為隱祕的因素,連我們自己都一無所知。大多數的日常行為,都是由意識之外的隱藏動機所導致的。」

勒龐認為,個體的特殊才華會被群體所抹除,他們的獨特性也會因此而消失。民族的無意識特質浮出水面,異質的存在被同質的特性所淹沒。可以說,心理的上層結構——個體上層結構的發展會呈現出大量相異性——被消解了,與此同時,每個人身上都大致相同的無意識基質便顯現出來。

經此過程,群體中的個體將會表現出一種平庸的性格。但勒龐認為,這些個體同樣也展現出一些前所未有的新特質,並指出導致這一現象產生的三種因素。

「第一是群體的單一組成者僅僅因為數量因素,便會獲得一種力量——不可戰勝的感覺,這種感覺促使他們屈服於某些

本能欲望,而在個體孤身一人時,這些本能欲望必然會受到克制。個體將更加不可能檢討自身的行為,因為他會意識到,群體是不具名的,因而也不必負責。於是乎,無時無刻不在約束著個體的責任感就消失殆盡。」

我們認為不必太過注重新特質的顯現。只需要指出群體中的個體被置於特定情境下,這種情境允許個體放棄約束無意識的本能衝動,至此便已經足夠了。事實上,個體表現出的那些顯而易見的新特質,不過是上述無意識本能衝動的自我顯現而已。人類心智中的所有邪惡作為一種傾向就蘊藏在無意識之中。道德和責任感在這些情境下的缺失,並不會讓人覺得難以理解。人們一直以來都認為,「社會性焦慮」(social anxiety)是道德感的本質。[066]

「第二個因素是感染(contagion)[067]。它同樣介入並決定各類群體中群體成員特殊特質的顯現,以及他們將會採取的傾向性。感染是很容易證實其存在的現象,但卻很難被清楚闡述。它必定屬於催眠一類的現象,隨後也會專門探討催眠。在群體之中,每一種情緒和行為都具備感染性。感染性的影響之深,

---

[066] 勒龐的觀點和我們有所差異,因為他的無意識概念與精神分析所採納的概念並不完全一致。勒龐的無意識概念尤其強調深藏於民族心理深處的特徵,這些特徵事實上並不屬於精神分析的範疇。我們的確意識到,自我核心這種囊括人類心智的「祖先遺產」之物屬於無意識的;除此之外,還辨識出「被壓抑的無意識」,便是由這種遺產的一部分所引發出來的。勒龐的理論中,並不具有這種被壓抑的概念。

[067] 情緒感染是在看見別人的情緒表現時,不禁也產生同樣的情緒反應,如表情、聲音、姿勢、動作等。

第二章　勒龐的群眾心理

可以讓個體欣然為維護群體利益而犧牲自身利益。這種傾向與個體的本性全然相悖,若不是成為群體的一分子,個體幾乎不可能作出此舉。」

稍後將依據後一項觀點,提出重要的推測。「第三個因素的重要性遠遠超過了前兩個,它決定了身處群體中的個體的特殊性格,這些性格有時與個體孤身一人時表現出來的截然相反。此處所指的是暗示感受性(suggestibility)[068],上文所述及的感染,不過是這種暗示感受性的結果之一。」

「要理解這種現象,就必須牢記一些生理學上的最近發現。如今我們已經知道,藉助各種操控可以將個體帶入一種狀態,使其喪失全部的意識人格(conscious personality)。個體會服從剝奪其自身意識人格的操控者,遵循其所有暗示,並執行與自身性格和習慣全然相悖的行動。最嚴謹的研究似乎表明,個體在運作中的群體裡沉浸一段時間後,便會很快發現自己處於一種特殊狀態中——或者是由於群體施加的催眠影響,或者是源自我們忽視的其他因素。這種情況非常類似於被催眠的個體任由催眠師擺布時所身處的『迷離』狀態……意識人格徹底消失,意志和辨識力也都喪失。所有的感受和思想都全然受制於催眠師的引導。」

---

[068] 暗示感受性在心理學中指一個人受暗示影響的程度。暗示感受性通常作用於在無意間所感受到的觀念,如典禮儀式(特別是宗教儀式)、一再重複的言辭、和諧的氣氛(如繪畫中的調和色調或音樂)乃至談話中親密的輕聲細語,特別是政治或商業性宣傳和黃色書刊等,都有情緒感染的作用。

「組成心理群體的個體，其情況也與此類似。他不再能夠感知到自己的行為。這種情形和個體被催眠時一樣：個體的某些才能遭到摧毀，但與此同時，另一些才能被提升到超乎尋常的高度。在暗示的影響下，個體將會以不可遏制的衝動來完成某些行動。群體中的個體受到這種衝動所擺布，甚至比被催眠者更加難以抵抗，而原因就在於，暗示對群體中的所有個體施以同等影響，相互作用之下，影響的效力便有所加強。」

「由此看到意識人格的消失，無意識人格的支配作用，情感和思想經由暗示與感染向同一方向的轉變，被暗示的思想直接轉化為行為的傾向。我們因而得知，這些便是群體成員的主要特徵。個體不再是自己本身，而變成不受自身意志控制的機器人。」

如此翔實地援引這一段落，是為了清楚地表明，勒龐將群體中個體的情形比作身處催眠的狀態，而非單純對這兩種狀態進行比較。我們無意質疑這一觀點，但卻想要強調這樣的事實：個體在群體中發生變化的後兩個因素（即感染和高暗示感受性），顯然處於不同層面。因為感染事實上似乎僅僅是暗示感受性的一種表現形式。另外，勒龐的論述似乎也無法清楚分辨這兩種因素的影響。也許把感染與群體中的個體成員相互間的影響連繫起來，與此同時，再將群體情境下暗示作用的顯現（勒龐認為這與催眠現象類似）歸因於另一根源，才是對勒龐觀點的最好解讀。可是，應該歸因於何種根源呢？我們注意到，勒龐的

第二章　勒龐的群眾心理

論述中並未提及其所做類比中的首要因素，即在群體情境下發揮催眠師作用的人。這樣的缺陷不禁令人倍感錯愕。但儘管如此，勒龐還是將「迷離」（性質仍舊含混不清）的影響，與個體間彼此誘發的（並經此將最初暗示強化的）感染區分開來。

不過，還有另外一個重要的考量因素，有助於理解個體身處群體之中的境遇：「此外，僅僅是個體成為組織化群體成員這一事實，便使他在文明的階梯上跌落了數個層級。孤身一人時，他也許會是個舉止文雅之人；但在群體之中，卻成了未開化的野蠻人、受本能驅使的生物。他獲得原始人的自發性（spontaneity）[069]，變得暴力且殘忍，也變得狂熱且英勇。」接著，勒龐特別詳盡地闡述了個體在融入群體後出現的智力減退情形。[070]

現在，姑且將個體遭際棄置一旁，轉而探討一下群眾心理。勒龐對此也做了概述。群體心理呈現的任何特徵，精神分析學家都可以毫不費力地確定其位置，追索其根源。勒龐指出群眾心理與原始人及兒童心理生活的相似之處，這為我們指明了道路。

群體行事衝動，暴躁易怒又反覆無常，幾乎完全任由無意識擺布。[071] 群體所遵從的衝動取決於具體環境，或是豁達大度，或是嚴酷無情；或是勇敢無畏，或是懦弱膽怯。但不管如

---

[069]　行為不是由外在刺激所引發的，而是發自內在；內心元素發揮決定性作用的情況稱為「自發性」。
[070]　對比席勒（Schiller）的對句：孤身獨處之人尚且算得聰明；投身群體後，他們幾乎成為傻瓜。
[071]　勒龐在這裡只是正確地運用了「無意識」的描述性意義，它不涉及「被壓抑」的內涵。

何，它們始終專橫跋扈，對任何個人利益乃至自我保全利益，都絲毫不以為意。群體的任何行動都沒有得到過預先策劃，也許會滿腔熱忱地渴求一些東西，但這種渴求絕不會長久，因為它沒有堅韌不拔的性格。從追逐欲望到滿足欲望，群體不能容忍片刻的延遲。群體中充斥著無所不能之感；而個體融入群體之中後，這種不可能的觀念便會蕩然無遺。[072]

群體極易輕信妄言和受到煽動，缺乏批判性思考，對它而言沒有什麼是荒謬無理的。群體藉助想像來思考，這些想像又經由聯想來喚起彼此，正如個體在自由想像狀態下出現的情形。不會有任何理性的仲介出面，以驗證想像與現實之間的一致性。群體的情緒既簡單又誇大其實。正因如此，群體絲毫不懂得質疑，也全然無法理解不確定性。[073]

群體直接走向極端，如果有人表達疑慮，這種疑慮就會立刻變為無可爭辯的必然；如果出現一絲嫌惡的情緒，這種嫌惡就會迅速演變為極端的仇恨。[074]

---

[072] 參見《圖騰與禁忌》(Totem and Taboo, 1912–1913) 中的第三篇論文。
[073] 我們對無意識的心理生活最完善的知識，就源於對夢境的闡釋。在闡釋夢境時，遵循了一項技術性規則，即無視夢境描繪過程中的疑慮和捉摸不定，並將顯夢 (manifest dream) 中的一切因素都視作頗為確定之物。將疑慮和捉摸不定歸因於稽查 (censorship) 作用的影響，夢的運作 (dream-work) 就是由稽查作用所支配。我們認定原始性夢的思維作為關鍵程序，並不包含疑慮和不確定性。它們作為引導夢境的日間殘餘之部分內容，當然可以像其他事物那樣被呈現出來。
[074] 每一種情緒極端而無節制的強化，同樣也是兒童情感生活的特點。此外，這一特點在夢境中也得以展現。因為無意識中的單一情緒被隔離出來，所以即便是日間輕微的惱怒，到了夢境中都會表現為想要冒犯者死亡的願望；或者，就算是微不足道的誘惑，到了夢境中也能驅使個體構思出犯罪的行動。漢斯・薩克斯 (Hanns Sachs) 曾針對此點做出恰如其分的評論：「如果我們審視自身意識，

第二章　勒龐的群眾心理

　　群體本身極易走向極端，但只有對它施加過度的刺激，它才會被激發。如果有人想要喚起群體的衝動情緒，那麼他並不需要嚴謹地論證自身的觀點，而只需要言辭激烈、危言聳聽，乃至喋喋不休。

　　群體對真理和謬誤毫無懷疑，而且又完全意識到自身的強大力量，因而既服從權威，又不容異說。群體崇尚力量，視仁慈為懦弱，因而不太可能被善舉所打動。群體期望自己的英雄強勢，甚至暴虐。它渴望被統治和束縛，面對主子戰戰兢兢。就其本質而言，群體是徹頭徹尾的保守主義者，深切地厭惡一切革新和進步，對舊傳統懷有無限崇敬之情。

　　為了正確評斷集體的品行，一個人必須考慮到這樣的事實：當個體融入集體中時，所有的自我約束都會消失不見，所有潛伏在個體身上的殘忍、野蠻和破壞性本能作為原始時代的殘餘都會被喚醒，掙扎著想要獲得自由和滿足。不過，在暗示的影響下，群體同樣也有可能以克制私欲、慷慨公正和獻身理想的形式達成卓越偉大的成就。對於孤身獨處之人，個人利益幾乎是唯一的動力來源；而在群體之中，個人利益卻毫不起眼。可以說，個體的道德標準是由群體所確立的。雖然群體的智識始終遠低於個體，但群體的道德操守卻既可能遠高於個體，又可能遠不及個體。

去尋找某些已經被夢境告知的當前現實情況，就不必為這樣的發現而驚訝錯愕——在分析的放大鏡下見到的龐然大物，不過是纖小的毛蟲。」

勒龐還描述了其他一些特徵，這些特徵清晰地表明了群眾心理與原始民族的心理之間確實存在一致性。在群體中，最截然相對的觀點可以相容共存，邏輯上的衝突不會帶來任何矛盾。同時，精神分析學說也早就指出，個體、兒童和精神官能症患者的無意識心理生活中的情形同樣也是如此。[075]

此外，集體還會受到言語魔力的煽動：言語可以喚醒群眾心理最令人敬畏的風暴，同時也能夠平息這場風暴。「理性和論證無力挑戰某些言辭和口號。它們被莊嚴地在群體面前表述出來，演講一旦結束，所有聽者臉上便會浮現出崇敬的表情，接著便是他們頂禮膜拜的樣子。許多人將這些言辭和口號視為自然的力量，甚至是超自然的力量。」就此現象而言，只需回憶一下原始民族的名稱禁忌，以及他們賦予名稱和詞語的神奇力量，便足以清楚理解。[076]

---

[075] 譬如，年幼的兒童對於最親近之人的對立感情，會並存相容很長一段時間；兩種感情都會干擾對立一方的表達。倘若兩種感情的衝突最終爆發，兒童常見的解決方式是改換對象，將矛盾情緒的一方轉移到替代者身上。一位成年人身上的精神官能症發展過程也表明，被壓抑的情緒可以在無意識乃至有意識的幻想中長時間地持續存在，而它的內容自然是與某種主導傾向直接對立的。然而，這種對立並不會導致自我進一步反對它已經否認的東西。幻想可以被容忍很久，直到突然有一天──通常是因為對幻想的情感投注持續增加──它與自我的衝突徹底爆發，催生出所有常見的結果。在兒童發展成熟、成長為成人的過程中，他的個性會得到更加廣泛的整合；個體身上各自獨立發展形成的、互不相關的本能衝動及目的傾向，也會變得相互協調。我們早已知道，在性生活領域中存在著與此類似的過程：所有性本能協調融合為明確的生殖體系。(《性學三論》[*Three Essayson the Theory of Sexuality*]，1905) 此外，自我的統合也會很容易導致相同的影響，正如無數個關乎比多的熟悉例子所表明的那般。譬如，科學家同時保有對《聖經》(*Bible*) 的信仰這類事例。至於後期自我分崩離析的各類可能方式，精神病理學會用一章的內容專門探討。

[076] 參見《圖騰與禁忌》(*Totem and Taboo*, 1912–1913)。

第二章　勒龐的群眾心理

　　最後，真相從來就不是群體追求的對象。他們追求幻覺，一旦缺少幻覺，就無法再運轉行動。他們習慣用謊言來掩飾真相，真實和虛假之物對他們的影響毫無差別。顯然，他們傾向於對兩者不加區分。

　　前面已然指出，欲求不滿所催生的幻想和幻覺可能會占據主導地位，而這一點是精神官能症心理學中的決定性因素。我們發現，精神官能症患者舉止行事的依據，並非普通的客觀現實，而是其心理現實。歇斯底里症狀的產生基礎是幻想而非真實經驗的重複；強迫性精神官能症患者的罪惡感來源，也不過是從未執行過的罪惡念想。的確，群體的心智活動如同身處夢境和催眠狀態一樣，它探究事物真實性的能力退居到幕後，而由情感貫注的意志衝動，帶著強大力量來到幕前。

　　對於群體領袖的問題，勒龐的敘述便沒有那麼詳實徹底，我們無法從中獲得清晰的基本原理。勒龐認為只要生物以一定的數量聚集在一起，無論是動物還是人類，就會本能地將自己置於領袖的權威之下。群體作為已馴化的羊群，一旦缺少主人就無法生存。群體強烈地渴求被統治，其中的個體會本能地屈服於任何自封為王的人。

　　群體對領袖的需求使得領袖的誕生變得順理成章，但這個領袖的個人特質必須要能夠和群體契合。為了喚起群體的信仰，他自己首先必須要深刻沉浸在這個強大的信仰（思想）之中，必須擁有堅定而深入人心的意志，如此一來，沒有自身意志的群

體才能接納他的意志。勒龐接著討論不同類型的領袖，以及他們領導群體的不同方式。整體而言，勒龐認為領袖們是藉助自己深信不疑的理念來讓群體認可自己。

此外，勒龐還認為理念和領袖具備某種神祕莫測、難以抗拒的魔力，並將其稱為「威望」（prestige）。威望具有支配性，它由某個個體、某部作品或某種理念施加在人們身上。它徹底麻痺了人們的批判能力，並在其內心中注入驚嘆和敬佩。這就如同個體在催眠狀態下被喚起類似「迷離」的感情。勒龐將人為獲得的威望與人格威望做了區分：個體獲得前一種威望的前提是自身的名氣、財富和聲望；思想和藝術品想要獲得前一種威望，則需要依靠傳統。無論是哪種情況，它都要追溯到過去，因而也無法大大幫助我們理解這一令人困惑的影響。人格威望只有少數人擁有，藉助於人格威望，這些人成為群體領袖。人格威望似乎是附帶某些吸引人心的魔力，可以讓所有人都對自己唯命是從。然而，兩種威望都要建構在成功之上，失敗只會讓一個人灰頭土臉、威望盡失。

勒龐的論述留給我們的印象是，他未能成功地將領袖的作用和威望的重要性與對群眾心理的卓越刻劃恰如其分地結合起來。

第三章

其他關於群眾心理生活的論述

前面以引用的形式借用了勒龐的觀點,因為其觀點強調無意識的心理生活,並且與我們自身的心理學觀點十分契合。但如今,必須補充陳述一項事實:勒龐的論述並未提供任何新穎的見解。他對群眾心理表現出的危害和墮落所做的種種論述,早已被前人以相同的貶低態度所闡釋清楚;並且,自最早期的文獻以來,無數的思想家、政治家和作家不斷重複著相同的論調。[077] 勒龐最重要的兩個觀點,即個體的智力功能遭到群體所抑制和個體的情感作用受到群體所強化,不久前西蓋勒(Sighele)就已經系統性地闡述過。[078] 實際上,其餘所有被視為勒龐獨道見解的論述,都是對無意識的見解以及與原始民族心理生活的比較。但即便是這兩個觀點,在之前也頻繁地被其他人廣泛提及。

不過,更為重要的是,勒龐和其他人對群眾心理所作的描述和評估,也並非無可爭議。毋庸置疑,剛剛提及的所有群眾

---

[077] 參閱克拉斯科維克(Kraskovic)1915 年的著作,尤其是文獻目錄。
[078] 參閱莫德(Moede)1915 年的著作。

心理現象，都源於準確的觀察，但同時還可以發現群體組織的其他表現形式，它們發揮著恰恰相反的作用。並且，我們必須依據它們來對群眾心理做出更高的評價。

勒龐本人願意承認，在特定的情境下，群體的道德水準可以高過組成群體的個體。並且，只有群體才能孕育出高度的無私和獻身精神。「對於孤身獨處之人，個人利益幾乎是唯一的動力來源，而在群體之中，個人利益卻毫不起眼。」其他作者也都舉例證明，只有社會方能為個體制定道德標準。普遍而言，個體會因為各種原因而無法達到群體所要求的高標準。他們還指出，群體在非常時刻可能會孕育出巨大的熱情，讓最為燦爛輝煌的群體成就得以實現。

至於智力方面，思想領域的偉大決策、意義重大的發現以及疑難問題的解決，這些的確都需要個體苦心孤詣地獨立完成。但即便如此，群體心理在智力領域也是可以具備創造性才華的，言語本身便是最好的例證，民謠和民間傳說等也能作為證據。此外，群體在多大程度上啟迪作為個體的思想家和作家，以及他們是否僅僅是完善了所有人都參與其中的精神建構，這些問題仍舊懸而未決。

面對這些相悖的陳述，群眾心理學的研究看起來似乎會徒勞無功。不過，要尋找到一條更有希望擺脫這種困境的路徑並不困難。許多迥然不同的組織結構可能都被納入「群體」這一概念之中，因而需要我們加以區分辨別。西蓋勒、勒龐和其他人

第三章 其他關於群眾心理生活的論述

論述中的群體都擁有壽命短促的特點——各式各樣的個體因為某些一時的利益而匆忙地凝聚在一起。他們的論述無疑是受到革命團體,尤其是法國大革命團體的特點所影響。相反的觀點源於那些對穩定團體或組織的研究,人們在這些群體中度過終生,而它們具體表現為社會的公共機構。第一類群體和第二類群體的關係,就彷彿是高高聳起的海浪和海底的隆起。

在 1920 年的著作《群體心智》(The Group Mind) 中,麥獨孤(McDougall) 正是從上述矛盾出發展開論述,並在組織因素中找到解決矛盾的方法。他表示,在最簡單的範例中,「群體」根本就不具備組織性質,或者說,很難稱得上是組織。他將這樣的群體稱為「人群」。不過他承認,一群人倘若不具備一點點組織的雛形,也就幾乎不可能聚集在一起。也恰恰是在這些簡單的群體中,可以輕易地觀察到群眾心理的一些基本事實。一群烏合之眾要想組成類似於心理學意義上的群體,就必須滿足一個先決條件:個體之間必須有一些共同特點,譬如對某個目標具有共同興趣、在某種情境下相近的情感反應,以及(我想要在此做出補充:因而導致的)「一定程度上的相互影響」。個體「精神同質化」的程度越高,就越容易組建成心理群體,同時群眾心理的特徵也就表現得越明顯。

群體形成後最顯而易見同時也至關重要的結果,便是每一位成員表現出的情緒高漲和強化。麥獨孤認為,當個體在群體中,情緒會被提升到在其他情境下很少或永遠不可能達到的高度。

對於這些人而言，將自己毫無保留地交由熱情掌控，進而融入群體，失去自身的個人局限感，是非常愉悅的體驗。麥獨孤使用他所謂的「情緒的直接誘導原則」(principle of direct induction of emotion)，來解釋這種個體被共同衝動所裹挾的情況。情感直接誘導原則指的是原初的互動感應，也就是我們早已熟悉的情緒感染。事實是，對某種情感狀態跡象的感知，會自動喚起感知者身上的相同感情。同一時刻觀察到具有相同感情的人數越多，這種自動影響便會越強烈。個體喪失自身的評斷能力，讓自己沉浸於相同的情感之中。不過如此一來，他也強化了對給予自己如此觸動者的情感，進而促使個體的情感能量(affective charge)被這種相互作用所加強。在這種與他人保持步調一致，與群體同氣連枝的衝動本能中，必定有某種東西在發揮作用。越是膚淺露骨的情感衝動，越容易在群體中以這樣的方式傳播。

群體形成的其他一些影響，也能夠促進這種情感強化機制。群體傳達給個人的印象是無所不能的力量和不可僭越的威脅。群體暫時性地取代整個人類社會，而後者是權威的執行者；個體畏懼人類社會的懲罰，因而屈服於社會的種種禁忌。對於個體而言，使自己與群體對立顯然是極其危險的。而仿效身邊的典範，亦步亦趨，哪怕是「與豺狼為伍」，都是更為安全的做法。個體在屈服於新權威的同時，可能會將之前的「良知」棄置一旁，進而淪陷在禁忌解除後的強烈快感之中。正因此，整體而言，群體中的個體做出或贊同他在正常生活情境下所極力避

第三章　其他關於群眾心理生活的論述

免之事,也就不足為奇了。由此,我們甚至可以釐清「暗示」這個神祕詞語掩飾下含混曖昧的含義。

麥獨孤並不否認智力會受到群體的集體抑制的理論。他認為智力低下之人會將智力卓越之人的智識拉低到自身的水準。智力卓越之人的活動會受到限制,因為整體而言,情緒強化不利於細膩嚴謹的智力工作。另外,群體對個體的恐嚇,會影響個體的精神狀態,並且,每個個體對自身表現所感受到的責任感普遍下降。

麥獨孤在概述簡單「無組織」群體的心理行為時所做的論斷,與勒龐的論斷一樣充斥貶低之意。這個群體「過度感情用事,行事衝動,暴戾乖張,反覆無常,優柔寡斷又舉止偏激,感情膚淺,感受粗糙;極易受到他人影響,思想簡單,妄下判斷,推理錯漏百出;意志搖擺,容易受人操控,缺乏自我意識,缺少自尊心和責任感,因為自身的力量強大而忘乎所以。正因此,所有任性妄為的絕對權力所可能表現出來的肆無忌憚,往往都能在群體身上找到。群體的行為舉止就像是蠻橫任性的頑童,或者是陌生環境下未受教化的野蠻人,完全比不上群體的普通成員。情況最糟糕時,群體看起來更像是野蠻的畜生,而非正常的人類。」

既然麥獨孤將高度組織化的群體行為與上述行為做了對比,那麼我們就非常有興趣了解這種組織的結構內容和形成因素。作者列舉出可以將群眾心理生活提升到更高層次的五個「首

要條件」。

第一個基本條件是，群體必須已經持續存在一段時間。這種存在既可以是內容層面，也可以是形式層面。所謂內容層面，就是指相同的個體在群體中存留了一段時間；所謂形式層面，就是指群體建構了一套包含固定職位的體系，一系列個體在其中任有職務。

第二個條件是，群體的個體成員應該對群體的本質、結構、功能和能力有確切的認知，進而能夠與群體整體建立情感連繫。

第三個條件是，這個群體應該與其他同類但又存在許多差異的群體形成互動（或許是以競爭的形式）。

第四個條件是，群體應該具備一定的傳統、風俗和習慣，這些風俗習慣應該尤其要能夠界定群體成員彼此間的關係。

第五個條件是，群體應該建構起明確的結構，這個結構展現為群體成員職能的細分和差異化。

麥獨孤認為，倘若這些條件得到滿足，群體組織的心理缺陷便能夠得到彌補。只要能夠收回群體的智力任務，將其交由個體成員來執行，智力因群體而下降的缺陷便能夠被規避。

我們覺得，可以用另一種方式來更加合理地表述麥獨孤為群體「組織化」所制定的條件。問題在於如何讓群體重新獲得那些恰恰是個體成員所獨有的，卻在群體形成過程中消弭的特徵。

第三章　其他關於群眾心理生活的論述

　　游離在初級團體之外的個體，具備自身的連續性、自我意識、傳統習慣以及獨特的作用和地位，並且，他還與競爭對手保持距離。但由於個體加入無組織的群體，而已經暫時性地失去這些特徵。倘若由此意識到，我們的目標是在建立群體的同時保留個體的種種特性，那麼，就要記住特羅特（Trotter）[079]意義非凡的敘述：建立群體的傾向，是高等生物多細胞特徵的生物性延續。[080]

---

[079] 《戰爭與和平時期的群體天性》（*Instincts of the Herd in Peace and War*, 1916）
[080] 作者注：我不同意漢斯・凱爾森（Hans Kelsen）於1922年所做的批評，儘管這些批評的其他方面都是真知灼見。凱爾森認為：為「群體心理」提供這樣的組織化證實了「群體心理」的本質——也就代表著個體心理過程的獨立性歸屬於群體心理。

群眾心理學與自我分析

第四章

暗示

　　從這樣的事實出發：群體中的個體往往會受到群體的影響，使得自身的心智活動產生深刻變化。其情緒傾向變得激烈極端，同時智力水準被嚴重削弱。這兩種傾向顯然都在朝著與群體中其他個體靠近的方向轉變。不過，這種結果只有在以下情況中才會發生：施加在個體獨有的本能上的抑制作用被解除；個體放棄自身表達，尤其是特有的傾向性表達。我們已經了解到，這些不太為人所喜的結果，至少在一定程度上可以經由群體的高度「組織化」來避免。不過，這與群眾心理學的基本事實並不相悖——在初級團體中，個體的情感會被強化，而智力會遭到抑制。現在，我們的興趣轉向為個體在群體中經歷的心理變化尋求心理學的解釋。

　　顯然，理性的因素（譬如上文提到的群體對個體的威脅，換言之，個體自我保護本能的行動）並不能解釋可觀察到的現象。除此之外，社會學和群眾心理學權威提出的解釋也始終相同，儘管他們使用各式各樣的術語。這個解釋便是充滿魔力的詞語「暗示」。塔爾德（Tarde）將暗示稱作「模仿」，不過，我們禁

不住要去贊同另一位作者的見解，他堅稱模仿是暗示概念的延伸，且事實上是暗示作用的結果之一（布呂熱耶 [Brugeilles]，1913）。勒龐將社會現象中所有令人困惑不解的特徵都歸結為兩個因素：個體的相互暗示以及領袖的威望。但威望也只是因其喚起暗示的能力才被人所關注。麥獨孤短暫留下的印象是，其「情緒的直接誘導」原則可以在不引入暗示概念的情況下解釋社會現象。但經過進一步的思考後，不得不相信這一原則除了堅定不移地強調情緒因素外，與我們所熟知的「模仿」或「感染」論點並無二致。毋庸置疑，人們身上的某種特質，使得在感受到他人的情緒跡象後，往往會陷入與其相同的情緒狀態之中。但又在多大程度上，人們未能成功壓抑它，抵禦這種情緒的侵襲，並以全然相反的方式回應呢？因此，為什麼當身處群體之中時，人們總是不可避免地被這種感染所捕獲？必須再次強調，迫使人們屈服於這種傾向性的是模仿，而從人們身上引導出這種情緒的，則是群體的暗示性影響。並且，拋開上述事實不談，麥獨孤也無法使我們規避暗示作用。從他那裡聽聞的觀點與其他作者毫無二致，即群體獨特性在於自身特殊的暗示感受性。

因此，可以得出下述觀點：「暗示」（或者更確切地講，暗示感受性）事實上是不可再細分的基本現象，是人們心理生活的基本現實。這同樣也是伯恩海姆（Bernheim）的觀點，我曾於西元 1889 年親眼見證他的驚人技巧。但我仍記得甚至在當時，我

第四章　暗示

就對暗示的專制蠻橫特性，感受到壓抑的敵意。倘若患者表現出不服從命令的態度，他便會遭到斥責：「你在做什麼？你在反抗暗示！」我告訴自己，這顯然有失公正，而且做法粗暴嚴酷。如果有人要用暗示來操縱自己，個體當然有權利去反抗暗示。後來，我的反感導致我開始反對這樣的觀點：可以用來解釋一切現象的「暗示」本身，不必得到解釋。由此，我想要在此復述一則古老的謎題：

克里斯多福背負著耶穌

耶穌背負著整個世界

那麼請告訴我

克里斯多福立足於何處？

——康拉德・里希特（Konrad Richter）

我已經有三十年沒有接觸「暗示」題目了，如今再次思考它，發現情況其實並沒有什麼改變（這一判定之中包含一個例外，而這個例外恰恰證明了精神分析的影響）。我注意到人們耗費巨大的努力去建構「暗示」的正確概念，以確立這一術語的常規用法。這絕非無謂的多餘工作。由於「暗示」一詞的使用越來越廣泛，其含義也就越來越含混，它將很快被用於表示所有形式的影響，正如英語中的情形。在英語中，「進行暗示」（to suggest）和「暗示」（suggestion）對應到德語中的「提議」（nahelegen）和「建議」（Anregung）。但對於「暗示」的本質，即在缺乏

充分邏輯基礎的情形下影響的本質，人們尚未予以闡釋。眼下正有人以完成這項工作為使命，並展開了細緻的研究，若非知悉此事，我定然會去搜尋過去30年的文獻，以幫助完成「暗示」本質的闡述工作。

為了做出彌補，我願意試著用「力比多」（libido）[081]的概念來闡明群眾心理學的問題。在精神官能症（psychoneuroses）的研究過程中，力比多概念的引入提供許多幫助。力比多是從情緒理論中借用來的概念。我們用它來命名所有與「愛」這一概念相關的本能能量，並考慮做定量的研究（儘管目前來看這種能量是不可測量的）。所謂「愛」的核心內容自然存在於以性結合為目的的性愛（這也是我們通常所說的愛，以及詩人們所吟誦的愛），不過，我們並不打算將它與其他形式的「愛」分割，譬如自愛、親情、友情、對人類的大愛，以及對具體事物的摯愛和對抽象理念的獻身。這樣做的合理性建立在以下事實基礎之上：精神分析的研究顯示，所有這些傾向都是本能衝動的相同表達。在兩性關係中，這些衝動殷切地驅動著個體達到性的結

---

[081] 佛洛伊德認為本能（instinct）是身體內的興奮狀態，他將本能欲望、本能、動機的來源或驅動力稱為「力比多」。佛洛伊德認為力比多是與生俱來的，出生後會隨著心理的性階段而發展，每一階段的力比多都有特殊的目標與對象。在第一階段的口腔期，力比多主要集中在口腔，在餵哺、吸吮行為中獲得滿足。第二階段是肛門期，力比多主要在肛門部位，依靠排泄行為帶來的消除緊張來獲得滿足。第三階段為性器期，力比多主要作用在生殖器官上，並經由對父母的認同而在人格形成方面產生重大影響。第四階段為潛伏期，力比多不再有新的發展，而是根據社會生活的要求，昇華成各種有意義的活動，如藝術、宗教等。力比多在發展過程中也有多種變異：在某個階段上停留，稱為「固著」（fixation）；發展過程中遇到挫折，由高等階段回到低等階段，稱為「退化」（regression）。

合，但在其他情境下，它們被轉移到其他目標上，或者在追逐目標的道路上遭遇障礙。不過，它們始終保存著自己的本質，因而也具備足夠的辨識度（譬如渴求親密和自我犧牲的特徵）。

我們進而認為，「愛」這個詞及其諸多用法在被創造時，就已經完成全然合理的統合工作，並且，最好也將「愛」作為科學討論和闡釋的基礎。精神分析學做出這一決定後，很快便掀起一場軒然大波，就彷彿它因為無恥的創見而犯下滔天大罪一樣。然而，用如此「廣泛」的含義來研究「愛」並非我們的原創。哲學家柏拉圖（Plato）口中的「愛本能」（Eros），無論在起源、作用，還是與性愛的關係上，都與愛力（love-force）即精神分析中的力比多概念全然相符。納赫曼佐恩（Nachansohn）和普費斯特（Pfister）分別在 1915 年和 1921 年詳實地論證了這一點。而當使徒保羅（Paul）在其著名書信《哥林多前書》（*Corinthians*）中對愛推崇備至，奉它為至高無上之物時，必然也站在相同的「廣泛」意義上來理解「愛」。[082] 但這僅僅證明，人們並非總是嚴肅地看待偉大的思想家，即便是在他們聲稱對這些思想家敬仰萬分的情況下。

因此，精神分析學將這些愛的本能命名為性本能，並根據它們的起源將其形容為「意義重大」（apotiori）。大多數「有教養」的人都把這種命名是為羞辱，並報復性地將精神分析貶斥為「泛

---

[082]　作者注：我若能說人間和天使的各種殊言，卻沒有愛，我就成為嘈雜的鑼、鳴響的鈸。

性論」(pan-sexualism)。任何對性羞於啟齒,覺得性是人性汙點的人,都可以隨意地使用更加高雅的用語,譬如「愛本能」和「情慾」。我最初也可以這樣做,如此便能倖免於形形色色的責難。但我不願意這樣做,因為我不能向自己的懦弱妥協讓步。你不知道妥協退卻會將你引向何處,先是在措辭上屈服,繼而一點點地放棄自己的實質思考。我看不到對性羞臊避忌的任何意義。希臘語單字「Eros」就是因為怕觸犯眾怒而使用的,但它最終也只不過是德語單字「Liebe」(性愛)的翻譯。不管如何,懂得耐心等待,就不必妥協退讓。

我們願意冒險一試,做出這樣的假設:愛的關係(或者採用更加中性的措辭——情感紐帶)同樣構成群眾心理學的本質內容。就我們的記憶所及,權威們似乎並未提及這類關係。與這類關係相匹配的東西,顯然都隱藏在「暗示」的帷幕之後。支持此假設的最初證據,源自於兩個轉瞬即逝的想法:第一,群體顯然是被某種力量所凝聚起來的。除了將這一偉績歸功於能凝聚萬物的愛本能外,我們還能將它歸功於哪種能量呢?第二,倘若個體在群體中放棄自己的獨特特徵,並讓其他成員藉由暗示來影響自己,這就使人聯想到,會這樣做是因為他感到有必要與群體保持步調一致,而非產生對抗衝突——歸根結柢,他這樣做也許是為了「去愛他們」(ihnenzu Liebe,德語)。

第五章

教會和軍隊

　　回想一下已知的各類形態群體，便可以發現，要區分迥然不同的群體以及其截然相反的發展路徑並不困難。有些群體猶如曇花一現，有些則長久存在；有些是同質的群體，由相同類型的個體組成，有些是異質的群體；有些群體是自然形成的，有些則是人為建構的，需要外力將個體凝聚起來；有些群體粗陋簡單，有些則組織嚴密、結構清晰。但出於某些有待闡明的原因，我們想要特別強調一項差異，因為論述過這一主題的研究者們大都不太重視它。我是指有領袖群體和無領袖群體之間的差異。我們不會選擇從相對簡單的群體類型入手，與這種慣常做法全然相反，而會把高度組織化的人為長期群體作為切入點展開研究。具備後者特徵且最耐人尋味的範例是教會（信徒團體）和軍隊。

　　教會和軍隊都是人為建構的群體，也即是說，必須要藉助外力方能阻止它們分裂[083]，以及防止群體結構改變。一般而

---

[083] 在群體中，「穩定」和「人為」這兩種屬性是相輔相成的，或者至少也是密切相關的。

言，個體在加入這類群體時，沒有商議或選擇的餘地。任何脫離群體的企圖，通常都會面臨群體嚴厲的迫害和懲罰，或是具有嚴苛的限定條件。然而，目前並不關心為什麼這些組織需要如此特殊的保全措施。我們只想要探究清楚一種情形，即在以上述方式防止群體瓦解的高度組織化群體中，可以清楚觀察到的某些事實，在其他類型的群體中被深深地遮掩起來。

不論教會（以天主教會為例）和軍隊於其他方面的差異多麼巨大，有個相同的幻覺始終在發揮著行之有效的作用——存在一位領袖，他無差別地愛著群體中的每一個人。在天主教中，這位領袖是基督；在軍隊中，這位領袖是總司令。所有事務都要仰仗這一幻覺。倘若這一幻覺被打破，只要外力允許，教會和軍隊便會土崩瓦解。基督曾經清晰地表達過這種平等之愛：「這些事你們既然做在我這最小的弟兄身上，便是做在了我的身上。」基督如同慈善的兄長般幫助著信徒群體的個體成員，取代了父親的作用。所有施加在個人身上的要求都根源於基督的這種愛。教會中貫穿著民主的張力，原因則恰恰在於基督面前人人平等，每個人都接受到他同等分量的愛。基督教團體和家庭的相似性由此可見一斑，此外，基督教的信徒們彼此稱為兄弟，而這種兄弟名分就來自基督給予他們的愛。毋庸置疑，將每個個體與基督相互聯繫的紐帶，同時也是將個體彼此連結起來的緣由。軍隊中的情形同樣如此。軍隊中的司令就如同父親，他平等地愛著所有士

第五章　教會和軍隊

兵。也是出於這個原因，士兵們成為志同道合的同袍。軍隊的結構與一系列由上述群體建構的教會不同，每位上尉都是其率領中隊的司令官和父親，而指揮小隊的軍士同樣也是如此。的確，教會也建構與此相似的階級體系。但就經濟效益而言，這種體系未能扮演相同角色，因為基督給予個體的理解和關懷，遠遠超過人類司令官。

軍隊中存在力比多結構的論點理所當然地遭到人們駁斥，原因在於那些令軍隊緊密團結在一起的重要理念，譬如保家衛國、民族榮譽，在這個力比多結構中毫無容身之處。我們的回應是，那些是群體紐帶的不同例子，且並非看起來那樣簡單。因為凱薩（Caesar）、華倫斯坦（Wallenstein）或拿破崙（Napoleon）這些偉大將軍的事蹟表明，這些理念對於一支軍隊的存續並非不可或缺。此刻將觸及主導理念替代領袖的可能性，以及兩者之間的關係。忽視軍隊中的力比多因素，即便它並非是唯一發揮作用的因素，似乎不僅僅是理論上的疏忽，還會帶來實際危害。普魯士軍國主義（Prussian militarism）和日耳曼科學一樣排斥心理性，因而似乎也必然會吞下世界大戰的苦果。我們知道，肆虐於德國軍隊的「戰爭性精神官能症」（war neuroses）被認為是個體對軍隊給予自身期望角色的反抗。根據西梅爾（Simmel, 1918）的觀點，上級軍官對士兵的虐待，可以被視為疾病產生的首要因素。如果力比多因子的影響能夠得到更多關注，那麼，美國總統提出的、不切實際的「十四點和平原則」（Fourteen

115

Points）也就不會被輕易相信了，而德國軍隊這樣的戰爭利器，也就不會被德國統帥親手催毀。

我們注意到，在這兩種人為建構的群體中，每個個體皆藉助力比多紐帶，一方面與領袖（基督、司令官）連結在一起，另一方面又與群體的其他成員連結在一起。這兩種連結的彼此關係如何、是否屬於同一類型、是否具備相同價值，以及如何從心理學上描述它們，這些問題都有待繼續研究。但即便如此，現在還是要冒險對先前的作者稍加責備，因為他們無法充分意識到領袖在群眾心理中的重要性，此外，選此作為研究的第一主題，也給予我們優勢地位。看起來，我們似乎是走在正確的道路上，並且將會闡明群眾心理學中的首要現象——個體身處群體之中，便會喪失自由。倘若每個個體都在兩個方向上被這種強烈的情感紐帶所連結，那麼，便可以毫無困難地將在個體人格上觀察到的改變和局限，歸因於環境。

群體的本質在於自身的力比多紐帶，這一相同效應的跡象可以在恐慌現象中尋找到，而恐慌現象的研究最適合在軍事團體中展開。軍事團體的瓦解會導致恐慌，其特徵便是士兵不再服從上級下達的命令，每個人都只是關心自己的利益，不再顧及他人。相互間的紐帶不復存在，一種強大而盲目的恐懼被釋放出來。此時此刻，有人自然會再次反駁說，事實恰恰相反：恐懼已經積聚得如此巨大，以至於可以摧毀所有紐帶，漠視對他人的所有感受。麥獨孤甚至拿恐慌（儘管不是軍事上的恐慌）

作為情緒經由感染（初級誘導，primary induction）而被強化的典型範例，然而，這種理性的推理解釋在此處一點也不妥當。問題恰恰在於，為什麼恐懼會變得如此巨大？危險的巨大是不能作為原因的，因為如今深陷恐慌泥潭的軍隊，先前可能經歷過同等乃至更為凶險的威脅，並且全都安然化解了危機。恐慌在本質上與人們面臨的危險無關，且往往在最微不足道的情形下爆發。倘若身處恐慌之中的個體開始變得自私自利，那麼在這樣做時，便表明那種一直使他對危險無所畏懼的情感紐帶不復存在了。既然現在是獨自面對危險，他肯定會把危險預估得更嚴重。因此，事實上恐慌的出現是以群體力比多結構的衰弱為前提，並且是對這種衰弱的合理反應；而相反的觀點，即群體的力比多紐帶是因為在危險面前感受到恐懼而被摧毀，則可以由此駁倒。

群體中的恐懼會經由誘導（感染）作用而急遽增長，這一觀點絲毫不違背上述論述。倘若危險真的非常巨大，而群體又沒有牢固的情感紐帶，麥獨孤的觀點便全然符合事實。譬如，劇院和娛樂場所發生火災時便是這種情形。然而，真正富有教益且能夠闡明我們觀點的事例，正是上段所敘及的情況：在危險並未嚴重到超乎尋常，且之前早已經歷過的情況下，一支軍隊陷入恐慌之中。我們不曾奢望「恐慌」一詞的用法能夠得到清晰而明確的界定。有時，它被用來指稱所有形式的群體性恐懼，有時甚至被用來表述個體超出一切限度

的恐懼。「恐慌」還常常被用來形容恐懼毫無緣由地爆發的情形。如果以群體性恐懼的含意使用「恐慌」一詞，那麼，便能夠做出意義深遠的類比。個體的恐懼感不是被凶險的情境所喚起，便是被情感紐帶（力比多貫注）的中斷所引發。後者正是精神官能症恐懼或精神官能症焦慮的誘因。[084]「恐慌」與此完全一致，它要麼源自於共同危險的不斷積聚，要麼產生自將群體凝聚在一起的情感紐帶消失。而後者類似於神經性焦慮症。[085]

要是和麥獨孤一樣，將「恐慌」描述為「群眾心理」最顯著的功能之一，便會陷入這樣的悖論境地：群體心理在其最為顯著的表現形式之中消解了自身。「恐慌」代表著群體的瓦解，這是毋庸置疑的。它代表著，群體成員彼此間以往表現出的情感關照中止了。

恐慌爆發的典型情形，像極了內斯特羅伊（Nestroy）為諷刺黑貝爾（Hebbel）的戲劇而創作的模仿作品。黑貝爾的戲劇講述的是朱迪斯（Judith）與赫羅弗尼斯（Holofernes）的故事。一位士兵大聲疾呼：「將軍的腦袋被砍掉了！」聽聞此事的亞述人隨即一哄而散。領袖殞命或者喪失威信，都會導致恐慌爆發，儘管情境的危險性還是一如既往的程度。一般而言，群體成員與領袖的紐帶消失後，成員彼此間的紐帶也會隨之消散。群體

---

[084] 參見《精神分析引論》（*Introductory Lectures*, 1916–1917）第 25 節。
[085] 參見貝拉・馮・費爾采齊（Bélavon Felszeghy）有些脫離實際但妙趣橫生的論文《恐慌和彼得潘症候群》（*Panikund Pankomplex*, 1920）。

第五章　教會和軍隊

成員散落四方，正如尾端斷裂的「魯珀特之淚」(Prince Rupert's drop)[086]。

宗教團體的解散並不容易觀察到。不久前，我拿到一本講述天主教起源的英文小說，它是倫敦主教(Bishop of London)推薦給我的，書名叫做《黑暗降臨時》(When It Was Dark)。在我看來，這本書巧妙而令人信服地描繪了宗教群體解散的可能性及其後果。據傳言，這部小說意在指涉當下的現實，內容講述敵視基督其人(the person of Christ)和基督教信仰的那些人，成功策劃了一場陰謀的故事，那些人在耶路撒冷製造了一起「聖墓」被挖掘的事件。聖墓中有一塊石碑，亞利馬太的約瑟(Joseph of Arimathaea)[087]在碑文中懺悔說，出於虔敬，他在基督入葬後第三天，祕密地將基督的遺體從墳墓中遷移到了此處。如此一來，基督復活以及他的神性便全都被消解了。這一考古發現撼動整個歐洲文明，還導致犯罪和暴力行為劇增。一直到偽造者的陰謀被揭露後，風波才得以平息。

在此處，宗教團體突然遭遇崩解後所催生的並非恐懼——這種情境下恐懼是缺失的。取而代之的是對他人殘忍和敵對的

---

[086] 熔化的玻璃在重力作用下自然滴入冰水中，形成如同蝌蚪狀的「玻璃淚滴」，俗稱為「魯珀特之淚」；「淚珠」本身和實心玻璃沒什麼兩樣，敲敲打打都安然無恙，然而，若是抓住其纖細的尾巴，稍微施加一些壓力，那麼整顆玻璃淚珠就會瞬間爆裂四濺、徹底粉碎。

[087] 亞利馬太的約瑟是《聖經．新約》中的人物，天主教譯為聖若瑟．阿黎瑪特雅，依福音書的記載，耶穌在十字架上被釘死後，亞利馬太的約瑟提供自己的墳墓來安葬耶穌，上述事件在新約四福音書中都有記載。

衝動，而先前由於基督的平等之愛，他們不能那樣做。[088] 但即便是在基督教信仰盛行時期，那些不隸屬於信徒團體的人，那些不愛基督也不被基督所愛的人，也都身處這種紐帶之外。因此，一個宗教，即使自稱為愛的宗教，對於宗教之外的人也必然是冷酷無情的。的確，每一個宗教對於接納的人而言，基本上都是愛的宗教；而每個宗教對異教徒的殘忍和偏狹也都是自然而然的事情。不論我們個人覺得這多麼難以理解，都不應該在這一點上對信徒們太過苛責。那些不信教或者對宗教漠不關心的人，對於這件事情的心境要好得多。即便在今日，這種偏狹現象已不再像前幾個世紀那樣暴力和殘忍，也很難得出結論認為人類的行為變得溫和有禮。原因無非在於，宗教情感和附著於這種情感之上的力比多紐帶，已經出現了不可否認的衰弱。如果有新的群體紐帶取代宗教紐帶（社會主義紐帶似乎就成功做到了這一點），那麼，宗教戰爭（Wars of Religion）時期針對自身群體之外的人的偏狹也就會再度出現。倘若在群體中科學觀念的分歧能夠取得類似的重要性，那麼同樣的狹隘態度也會因這種全新驅動力而重現。

---

[088] 參見費德恩（Federn）在《無父的社會》（*Die vaterlose Gesellschaft*, 1919）中，對君主權威被廢除後，出現類似現象的闡釋。

第六章

其他問題

至此,已經研究了兩類人為建構的群體,它們都被兩種情感紐帶所支配。其中一條是與領袖之間的,它似乎(在這類情形中無論如何)比群體成員之間的紐帶更具主導作用。

如今,群體形態方面尚遺留許多問題有待探究和表述。必須從如下的確切事實出發:僅僅是人的聚集稱不上群體,還需要在人群中建立紐帶。但不得不承認,在任何人群中,形成心理群體的傾向性很容易顯露出來。理應關注不同類型的群體,它們還需要具備或多或少的穩定性,而且是自發形成的。還需要去研究這些群體形成和崩解的條件,尤其是關注有領袖群體和無領袖群體之間的差異。理應探究,是否有領袖的群體不會那麼原始和徹底,而在其他群體中,抽象理念是否可能無法取代領袖的作用(具備無形領袖的宗教群體,形成通往有領袖群體的過渡狀態),以及普遍傾向,即許多人共有的願望,是否無法以相同的方式充當替代品。這種抽象理念可能或多或少會展現在我們稱之為「副領袖」的人物身上,理念和領袖之間的關係也會出現許多有趣的轉變。可以說,領袖或者主導理念也可能會

是負面的。針對特定個人或建制的仇恨情緒，也可能以相同方式運作，並作為正向的紐帶喚起同樣類型的情感連結。繼而，會有這樣的疑問浮現出來：就本質而言，領袖是否真的是群體不可或缺的元素？除上列之外，還有些其他問題。

然而，儘管這些問題在群眾心理學文獻中已經得到部分解決，但它們還是無法轉移我們既有的興趣，即在群體結構上遭遇的心理學基本問題。再加上，我們認為力比多紐帶構成群體的特徵，而首要關注的便是，有可能以最直接的方式帶來這種證據的研究。

眼下先了解一下人際關係中普遍具有的情感連繫之本質。叔本華（Schopenhauer）曾做過一個著名的比喻：豪豬寧願被凍僵，也不願意忍受同伴過度靠近。[089]

精神分析的研究顯示，在持續一段時間後，幾乎每一種親密的情感關係（譬如婚姻、友誼、親情[090]）中，都會積聚起嫌惡和敵意，只是這些感情因為壓抑作用而不被人們所感知罷了。但在業務夥伴的常見口角和下屬對上級的抱怨中，這種嫌惡和敵意感情便不再被遮遮掩掩。人們組成大團體時，相同的

---

[089] 有一群豪豬，在冬天想用同伴的體溫來抵禦寒冷，便緊靠在一起。但牠們又覺得刺得疼痛，於是乎又離開。然而，對溫暖的渴求使牠們再度靠近，同時也使牠們吃了同樣的苦。於是牠們在這兩種困難中，終於發現彼此之間的適宜距離，以這樣距離，牠們能夠過得最平安。（《附錄和補遺》[Parerga and Paralipomena] 第二部分，第 31 頁，〈比喻和寓言〉。）

[090] 也許母親與兒子的關係是唯一的例外，它以自戀（narcissism）為基礎，不會被後續的對立所干擾，並且會被性客體選擇的初期嘗試所強化。

第六章 其他問題

情形也會發生。每當兩個家庭聯姻時，他們都會覺得自己比對方高人一等，或者出身更加高貴；兩座相鄰的城市最為相互嫉妒，視彼此為競爭對手；每一個地區都會鄙夷其他地區；血緣相近的種族相互疏遠；南德意志人抵觸北德意志人，英格蘭人肆意中傷蘇格蘭人，西班牙人藐視葡萄牙人。正因此，更大的差異催生出近乎不可能調解的嫌惡，便不再會讓人感到驚愕了。

如果在敵視一個人的同時，又愛著他的其他方面，那麼，便會將此描述為矛盾情緒。我們正是藉助在這種親密關係中出現的種種衝突，來解釋這一事實。這種方式也許太過理性。有時，人們不得不與陌生人共事，並且會對其表露出不加掩飾的反感和厭惡，而在這些情緒中，可以辨認出自戀和自愛表現。自愛的作用在於個體的自我保存，它表現為任何似乎不同於個體特定發展道路的分歧，都是對個體發展道路的批評，都是在勒令個體做出改變。我們不知道為什麼個體會對這樣的細微差異如此敏感，但毋庸置疑的是，在這整個連繫中，人們似乎都會很容易表現出仇恨情緒和攻擊性。這一現象的根源還不得而知，但人們很想要賦予它一種基本特徵。[091]

然而，假若群體形成，這種偏狹便會在整個群體內暫時或永久性地消失。只要群體結構持續存在，或者只要它還在延續，群體之中的個體便會團結地行事；他們會容忍其他成員的

---

[091] 作者注：在《超越快樂原則》(Beyond the Pleasure Principle)中，我試圖借助生本能與死本能的對立假設，將愛與恨的兩個極端連繫起來，並將性本能確立為生本能的最純粹範例。

脾性，將自己與他人畫上等號，並不再對他人產生厭惡情緒。依據我們的理論觀點，只有一種因素能夠催生這種對自戀的限制，即與其他人的力比多紐帶。自我之愛的阻礙只有一個：對他人之愛，即對客體之愛。有人會立刻提出疑問，假如沒有任何力比多參與，共同利益體本身是否並不一定能夠帶來對他人的包容和體諒？可以這樣回應這一質疑：共同利益依然不能長久地限制自戀，因為與他人合作的利益一旦消失，這種包容體諒也會立即煙消雲散。但是，這一討論的現實意義並沒有人們想像中的那麼重大，因為既有經驗表明，同事們在合作過程中通常會形成力比多紐帶，力比多能夠延續和鞏固他們之間的關係，進而讓他們之間的關係超出純粹的利益範疇。相同的事情也會出現在人類的社會關係中，精神分析在研究個體力比多的發展過程時，對此已經非常熟悉。力比多將自身附著在重大基本需求的滿足上，並選擇那些共享這一滿足過程的人作為自己的第一客體。人類在作為整體的發展過程中，和個體的成長完全一樣，愛單獨催生出文明的果實——它促成利己主義到利他主義的轉變。對女人的性愛（連同不損害女人心愛之物的全部責任）是如此，對其他男子的去性化、經昇華的同性之愛亦是如此。後者起源於齊心協力的合作。

因此，假若群體中的自戀性自愛受制於群體外所不具備的限制，那麼，它就強而有力地證明了，群體結構的本質在於群體成員間新形成的力比多紐帶。

第六章　其他問題

　　如今，我們的興趣聚焦於探究群體中這些紐帶的構成本質上，這是十分迫切的題目。在對精神官能症的精神分析研究中，迄今為止幾乎無一例外地將重點放在由愛本能催生的與客體的紐帶上，並且這種愛本能以直接的性滿足為目的。但在群體中顯然不存在這類性滿足問題。在此處所關注的是脫離原初目的的愛本能，儘管它們並未因此而致使自身的功能受損。現在，自通常的性客體投注範圍內，我們已經觀察到本能自性滿足目的轉移開來的現象。我們將這一現象描述為「愛的沉浸」，並且注意到它牽涉到對自我的某種侵蝕。眼下，應該更加密切地關注這種陷入愛的現象，堅定地期望在其中能夠尋找到可以轉化為群體中紐帶的條件。然而，我們還想要知道，這種類型的客體情感投注是否正如在性生活中那樣，是形成與他人情感紐帶的唯一方式。還是說，應該將其他諸如此類的機制考慮進來。事實上，自精神分析的研究中得知，的確存在其他的情感紐帶機制，譬如「認同作用」（identifications）[092]。認同作用的原理尚未被充分認知，也很難加以表述，不過，對「認同作用」的研究，將會引導我們暫時離開群眾心理學的研究主題。

---

[092]　「認同作用」是指人格發展中對父母、重要之人、理想人物以及自我言行，產生模仿、再製或價值觀一致的內在心理歷程。

第七章

關於認同作用

「認同作用」是精神分析意識到人際間情感紐帶的最早表現形式。在伊底帕斯情結（Oedipus complex）[093]的早期發展階段，「認同作用」扮演了重要角色。小男孩會展現出對父親的特殊興趣。他會想要成長成父親，變得和父親一樣，並在各方面取代父親的作用。簡言之，他將父親視為自我的理想。這種行為與面對父親（以及一般男子）時的被動態度或陰性態度（feminine attitude）無關；恰恰相反，它是一種典型的男子氣概。認同作用完全契合於伊底帕斯情結，並為後者的發生鋪平了道路。

---

[093] 伊底帕斯情結一詞，來自古老的希臘傳奇預言：底比斯（Thebes）王剛出生的兒子伊底帕斯，終有一天會殺死父親，迎娶母親。國王對這預言非常震驚，於是下令把嬰兒丟棄在山上，想讓他餓死。但有個流浪牧人發現了伊底帕斯，並把他送給鄰國的王和后當兒子。伊底帕斯長大後，完成許多英雄之舉，還娶得底比斯王后（Queen of Thebes）為妻。他後來才發現，原來自己很久以前無意中殺死的旅行者就是自己的父親，同時也發現原來與他共有王位的女人竟是自己的母親。佛洛伊德以此典故來描述小孩成長過程中，與父母親在感情上一段難割捨的情結。佛洛伊德將「性心理發展」（psychosexual development）分為五個階段，即口腔期（oral stage，0歲到2歲）、肛門期（anal stage，2歲至3歲）、性蕾期（phallic stage，3歲到6歲）、潛伏期（latency stage，6歲到青春期）和生殖期（gential stage，青春期以後）。佛洛伊德以「伊底帕斯情結」或「戀母情結」來描述在「性蕾期」發展階段的兒童，因渴望與異性父母發生性愛關係，而對同性父母抱持競爭、嫉妒和憎恨的情結。

男孩在認同父親的同時或隨後，會依據依戀類型對母親形成真正的情感投注。他會因此展露出兩種截然不同的心理紐帶：對母親表現直截了當的性客體投注，對父親表現為典範的情感認同。兩者會並存一段時間，不會相互影響或干擾。但心理生活將不可抵抗地統一，而兩種紐帶最終也會融合在一起。伊底帕斯情結就源自兩者的合流。小男孩注意到，父親阻擋在自己和母親之間，於是對父親的認同，隨後便帶上敵意的色彩，並開始想要在面對母親時取代父親的作用。事實上，認同作用從一開始便充滿悖論。它能夠轉變成柔情的表達，同時也能夠演變為驅逐某人的願望。它的作用方式就如同力比多機制最初的口腔期（oral stage）衍生物，在這段時期，人們藉由咬食來吸收渴求和珍視的對象，同時客體也因此被消滅。我們知道，食人者就處於這樣的狀態。他對敵人有吞食的欲望，但只吞食自己喜愛的人。

　　對父親認同作用的後續發展很容易被人們所忽視。伊底帕斯情結可能會發生倒錯，父親被當作對女性態度的對象，性本能在尋求滿足時的直接目標。在這一情形中，對父親的認同作用就變成與父親間的客體紐帶（object-tie）先驅。如果換作女嬰的情況，同樣的情形也會發生。

　　認同父親和選擇父親作為性客體之間的區別，很容易運用正規化表述。在前一種情形下，某個人的父親就是他想要成為的人；而在後一種情形中，父親是這個人想要占有的對象。其中的區別取決於紐帶依附於作為主體的自我還是作為客體的

第七章 關於認同作用

自我。因此,在選擇任何性客體之前,前一種紐帶可能早已存在。但倘若要利用後設心理學(metapsychological)[094] 來清楚表述這種區別,則困難得多。僅僅能夠看出,「認同作用」竭力將一個人的自我澆鑄成這個人心中的典範形象。

可以將出現在精神官能症結構中的認同作用,自其錯綜複雜的連繫中抽離出來。假設有位小女孩(以下會專心地探討她),她出現與母親相同的痛苦症狀。譬如,她們都被嚴重的咳嗽症狀所折磨,這一現象可能有各式各樣的原因。「認同作用」可能源自伊底帕斯情結。在這種情形下,該現象表明女孩想要取代母親位置的敵意願望;而咳嗽症狀則代表對父親的客體之愛,並且,女孩在背負罪惡感的同時,實現了取代母親位置的願望:「想要成為妳的母親,妳做到了,至少在患病上是如此。」這便是歇斯底里症狀的完整結構機制。或者,換個方向,個體的症狀與所愛之人相同。譬如,朵拉模仿父親咳嗽。[095] 在這種情形下,只能描述為,認同作用替代客體選擇(object-choice)而出現,客體選擇退行成為認同作用。我們已經知道,認同作用是情感紐帶的原始形式。普遍來說,在形成症狀的情況下,也即是出現退行現象(repression)[096] 以及無意識機制占據主導地位

---

[094] 後設心理學是探討心理學的根本問題或心理哲學問題的學問,嚴格說來,並不屬於心理學領域,卻與心理學息息相關,因此被稱為後設心理學。佛洛伊德常用此概念來指涉探討超越意識經驗問題或心理分析論預設問題的心理學。
[095] 參見《歇斯底里案例分析的片斷》(*Fragment of an Analysis of a Case of Hysteria*, 1905)。
[096] 退行是指人們在受到挫折或面臨焦慮、應激等狀態時,放棄已經學到的、比較成熟的適應技巧或方式,而退行到早期生活階段採用的某種行為方式,以原

的情況下，客體選擇會倒轉為認同作用——自我表露出客體的特徵。值得注意的是，在這些認同作用中，自我有時模仿不愛之人的特徵，有時模仿所愛之人的特徵。我們還驚訝地發現，在這兩種情形中，認同作用都既片面又充滿局限，僅僅從目標客體身上汲取了單一特徵。

還有第三種特別頻繁且重要的症狀形成案例，在這些情形中，認同作用全然不考慮與被模仿之人的任何客體關係。譬如，寄宿學校裡一位女孩得知其暗戀的男孩寫信給別人，她因此品嘗到嫉妒的痛苦，繼而短暫出現歇斯底里症狀。後來，女孩的幾位朋友知道了這件事情，並且也出現相同的症狀，原因便是所謂的心理感染。這裡的認同作用原理，便是將自身置於相同情境下的可能性或願望。其他女孩也會想要有隱祕的情事，在背負罪惡感的同時，也承受其中所牽涉的苦楚。女孩們並不是出於同情才表現出相同的症狀，這樣的想法是錯誤的。恰恰相反，同情僅僅是認同作用的結果，如下事實可以證明這一點：這種類型的感染或模仿發生的情境，有時甚至比女子學校的朋友間還要欠缺同情作用。一個人的自我感知到另一個人身上某處意義非凡的共性——在上述例子中，就是對相似情感的接納，認同作用正是由此確立的。此外，在致病情境的影響下，認同作用會被轉移到某個人的自我所形成的症狀上。如此一來，以症狀為表現形式的認同作用，便會在兩個必須被壓抑的自我之

始、幼稚的方法來應付當前情景，好降低自身的焦慮。

第七章　關於認同作用

間的重合點上表現其特徵。

可以從以上三種案例中得到如下結論：首先，認同作用是與客體形成情感紐帶的原初方式；其次，認同作用以心理退行的方式充當力比多客體紐帶的替代品，因為它藉助的方式是將客體內射（introjection）[097] 進自我。最後，認同作用可能伴隨著感知新共同特性而發生，這種共同特性由個體與他人所共享，且這個他人不是性衝動的對象。這種共同特性越是重要，著眼於部分的認同作用就越是有效，而它還可能就此代表著新紐帶的開端。

我們猜測，群體成員彼此間的紐帶在本質上便屬於這類認同作用，而它的形成基礎則是共同的情感性質，可以設想這種共同性質存在於個體與領袖間的紐帶本質之中。另一種猜測則是，目前遠未能窮盡認同作用的諸多問題，且還面臨著心理學中稱為「共情作用」（empathy）[098] 的難題，共情作用可以幫助人們理解其他人身上固有的自我情感，且這種自我情感是異於自身的。但此處理應將我們的研究局限在認同作用的直接情感效應上，並將其對智識生活的影響擱置一旁。

精神分析研究已然不時地觸及精神疾病的疑難問題，它同時也能夠在其他無法被輕易理解的案例中呈現認同作用。我們將詳實地解讀兩個此類案例，並將其作為進一步研究的資料。

---

[097] 一種心理防衛機制，指把我們所欣賞的外在或是他人的特質、品格等，結合到自身的行為與觀念。
[098] 一種站在對方立場設身處地思考的方式，即於人際交往過程中，能夠體會他人的情緒和想法，理解他人的立場和感受，並站在其角度思考和處理問題。

大部分男性同性戀的發生原因如下所述。一名年輕男子因為伊底帕斯情結的作用，長期而強烈地在情感上固著於母親。但在青春期即將結束之際，以其他性客體來取代母親的時刻也終於來臨。情形突然出現轉變：男子並未拋棄母親，而是將自己認同為母親本身。男子將自己轉變成母親後，如今只是在尋找能夠替代其自我的客體，並且，他會給予這個客體他從母親那裡體會到的愛戀和關懷。這是經常發生的過程，只要願意便始終能夠從中辨認出此點，它理所當然地完全無關乎任何可能與突然轉變的機體驅動力或動機相關的假設。這種認同作用的令人驚訝之處在於其廣泛的範圍，它以自身的重大特徵之一——性特徵——來重塑自我，而參照的模型便是一直以來的性客體。在這個過程中，客體本身被拋棄。至於客體是被完全抹除，還是僅僅被保存在無意識之中，則不在目前的討論範圍之內。個體認同於遺棄或喪失的客體，並成為客體的替代品——將客體投射進自我——已經不再令人感到新奇了。這種過程有時能夠在小孩子身上直接觀察到。不久前，《國際精神分析雜誌》(*Internationale Zeitschrift für Psychoanalyse*) 刊登了一篇相關問題的研究論文。一名小孩失去了寵物貓後非常悲傷，他直接向人們聲稱，現在自己就是那隻小貓。之後，小孩便在地上四處爬行，不肯到桌子前吃飯，諸如此類。[099]

　　憂鬱症的分析研究提供了客體內射作用的另一類例證。憂

---

[099]　參見瑪律庫斯茨維采（Marcuszewicz）1920 年的著作。

第七章 關於認同作用

鬱症,最明顯的誘因,便是真實地或情感上喪失愛慾客體。這些例證的首要特徵便是對自我無情地貶低,以及無休止的自我批評和苦澀的自我譴責。相關分析指出,這些貶低和責備歸根結柢是指向客體,代表自我對客體的報復。客體的陰影落在自我之上,正如我在其他著作中所言[100]。在此處,客體的內射作用清楚展現。

然而,這類憂鬱症還展示出其他東西,這些東西可能對隨後的討論意義非凡。它們表明,自我被分割開來,分成兩個部分,其中一方激烈對抗另一方。而另一方已經被內射作用所改變,並且融入已喪失的客體。不過,這部分行事殘忍的自我也並非不為人所知。它包含了良心,是自我中的批判性代理,甚至在平日裡,也會對自我持批判態度,儘管從不曾那麼殘酷和蠻橫。在過往的幾次分析中,我們受到驅使而做出這樣的假設:自我之中發展出一些這樣的代理,它們與自我的其餘部分分離,並與之陷入衝突,我們稱其為「自我理想」(egoideal)。此外,我們將自我觀察、道德良知、夢的稽查作用以及壓抑的主要影響力,這些功能也都歸因為「自我理想」。前文已說明過,自我理想是原初自戀情緒的繼承者,在自戀情緒中,幼稚的自我享受到充足的自信和自負。周圍環境會對自我提出種種要求,但自我並不總是能夠達到這些要求,於是,周圍環境的這一作用逐漸在自我理想中積聚。因此,即便個體對自我的現實狀態感到不

---

[100] 參見《哀悼與憂鬱》(*Mourning and Melancholia,* 1917)。

滿，也依然能夠從自我分化出來的自我理想中得到滿足。正如進一步證明，在觀察的錯覺中，這個代理的坍塌已經變得顯而易見，從而揭露出它在權威（尤其是雙親）影響下的根源。不過，我們並未忘記補充，自我理想與真實自我之間的差距因人而異，此外，對於很多人而言，自我的這種分割並不比兒童突出。

但在利用這一資料理解群體的力比多結構前，必須考慮到客體和自我之間的其他相互關係事例。

我們清楚地意識到，這些取自病理學的例子並沒有充分解釋認同作用的本質，因此，還未能觸及群體結構的一些謎團。必須用更為基本且綜合的心理分析來介入此問題。認同作用打通了從模仿到共情的路徑，使我們得以理解自己能夠對另一種心理生活採取任何態度的機制。此外，還有許多現存的認同作用表現形式有待解釋。它們尤其會引導個體約束自己，不對自己認同的人採取敵視態度，並給予他們寬容與幫助。對此類認同作用——譬如奠定氏族情感基礎的認同作用——的研究，幫助羅伯特‧史密斯（Robertson Smith，《血緣與婚姻》[Kinship and Marriage]）獲得驚人的發現：氏族情感仰賴於對擁有共同實體的認同，它甚至可能會因為共享一頓餐宴而被建立起來。這一特徵使我得以將此種認同作用與在《圖騰與禁忌》(Totem and Taboo)中建構的人類家庭早期歷史連繫起來。

第八章

愛和催眠

　　言語的使用雖然變幻不定,但在一定程度上卻能夠表述現實。言語為許多情感關係都賦予了「愛」的名義,並且在理論上,也把它們歸類為「愛」。但這又讓人懷疑,這種愛是否千真萬確、名副其實,繼而涵蓋愛這一現象中的一系列可能性。

　　在某一類情況中,愛無非是性本能以獲得直接性滿足為目的的客體投注。並且,一旦達成目的,這種情感貫注便會即刻消失,這便是普遍存在的所謂肉慾之愛。但正如我們所知,力比多情境鮮少會如此簡單。完全可以預料到剛剛消逝的慾望會死灰復燃,而這無疑是向性客體持續投注情感的首要動機,同時也是在冷靜的間隔期愛上性客體的首要動機。

　　在此方面,必須對另一因素加以說明,它源自人類性愛生活所依循的極顯著發展歷程。第一個階段通常在兒童五歲時結束,在此期間,兒童首次在父親或母親身上找到愛慕的客體,並且將所有渴求滿足的性本能,都依附在這個客體身上。之後出現的壓抑作用迫使兒童放棄大部分此類幼稚期的性追求,並深刻地改變他與父母的關係。兒童仍然與父母相互連結,但卻

必須依靠被形容為「目的被壓抑」的本能來實現。自此之後，兒童對這些所愛的客體的感情便會被賦予「情感性」特徵。眾所周知，那些早期的「性」傾向仍然或多或少地根植在潛意識之中，因而從某種意義上來說，整個原初的能量仍舊在流動著。[101] 正如我們所知，青春期裡會出現新且強烈的性衝動，它渴求直接的性滿足。當情境不利時，性衝動以能量的形式存在，並與持續存在的情感傾向分離。繼而出現這樣一幅景象：某些文學流派欣喜地刻劃性和情感的典型特徵。男人會對自己傾心愛慕的女子表露出情感上的狂熱，但這個女子卻不會激起他的性衝動。相反地，他只會對自己不「愛」、無視乃至鄙夷的女人產生性衝動。[102] 但更常見的是，青少年在一定程度上促使神聖的無肉慾之愛與肉體的世俗之愛相互融合，並且，他與性客體的關係呈現出不受約束的本能和目的受抑制的本能相互作用的特徵。對比純粹的性慾望，個體在愛中沉浸的程度，也許可以藉由目的受抑制的本能所占據的比例來衡量。

在戀愛這個問題上，「性過譽」（sexual overvaluation）的現象始終令我們感到震驚。「性過譽」是指這樣的事實：被愛的客體可以在一定程度上免遭批評和挑剔，並且，他身上的所有特質都會比那些不被愛的人，或者比這個人未被愛上之時，獲得更高的評價。倘若性衝動或多或少受到有效的壓抑或擱置，那

---

[101]　參閱《性學三論》（*Three Essays*, 1905）。
[102]　《論愛慾領域中的普遍降格傾向》（*On the Universal Tendency to Debasement in the Sphere of Love*, 1912）。

第八章 愛和催眠

麼就會營造出一種錯覺:客體因其精神上的特質而受到感官之愛。然而事實恰恰相反,客體僅僅是依靠其肉體魅力才被賦予這些特質的。

扭曲這一方面判斷力的傾向性便是「理想化」(idealization)。如今我們更容易準確定位自身位置,人們意識到自己對待客體的方式與對待自我的方式相同,因而當在談戀愛時,相當多的自戀力比多能量便會滿溢到客體身上。甚至更為顯而易見的是,在許多選擇戀愛對象的情形中,被選擇的客體充當著人們未達成的自我理想之替身。之所以愛他(她)是因為他們擁有人們努力想要在自己身上實現的完美特質,如今,則想要利用這種迂迴的方式來滿足自戀的需求。

如果性過響和戀愛進一步發展,那麼對這幅景象的闡釋就會變得更加清晰。追求直接性滿足的衝動也許在此時會被完全推到幕後,譬如,年輕人的情感迷戀往往就會是這樣。自我愈是虛心謙卑,客體便愈是崇高珍貴,直到最終客體占據了自我的一切自愛。如此一來,自我的犧牲便成為自然而然的結果。可以說,被愛的客體耗盡了自我。謙遜、對自戀的約束以及自我傷害的特徵,出現在戀愛的每一種情形中。在極端事例中,這些特徵還會被強化,並且由於肉體慾望退出,它們單獨占據了絕對優勢。

這尤其容易發生在不愉悅或得不到滿足的戀愛中,因為不管怎樣,每一次性滿足都會導致性過響效應的衰退。伴隨著自

我對客體的這種奉獻（無異於對抽象理念的崇高奉獻），原本由自我理想執行的功能完全停止運轉。由自我理想這一代理所發出的批判聲音也沉默下來，客體所做的和所要求的一切都是正確且無可指責的，良心也不再能夠約束任何為客體所做的事情。在愛的盲目之中，冰冷無情被引導至犯罪的邊緣。整個情形都可以用正規化表達來概述：客體被置於自我理想的位置。

現在很容易界定認同作用與戀愛極端情形之間的差別，後者可以表述為「迷戀」或「奴役」。在認同作用中，自我利用客體的特性來豐富自身，它將客體內射進自身，這一點和費倫齊（Ferenczi）的表述完全一致。而在戀愛的極端情形中，自我被耗盡，它將自身完全交付給客體，並用客體取代自己最重要的部分。然而，更貼近的考察很快便表明，這種陳述營造出並未真實存在的對比錯覺。簡言之，不存在匱乏和豐富的區別問題，甚至將戀愛的極端情形表述為自我將客體內射進自身也是可以的。另一種區分也許更容易觸及事物的本質。在認同作用的事例中，自我喪失或遺棄了客體，客體隨後在自我內部被再度建構起來，而自我會依照已喪失客體的模型，對自身做出部分改變。在其他情形中，客體得到保留，自我以犧牲自身為代價對其投入過度關注。但在此處有個疑難再度浮現。可以斷定認同作用的前提是放棄客體投注嗎？倘若客體得到保留，認同作用便不會發生嗎？在著手討論這一微妙的問題前，我們便已經逐漸開始明白：還有另一種陳述可以觸及事物的真實本質，即客

第八章 愛和催眠

體究竟是被置於自我的位置,還是被置於自我理想的位置。

戀愛與催眠顯然只有咫尺之遙,兩者共有的特點顯而易見。主體在面對催眠師時,與面對深愛之人時一樣卑微順從、盲目無識。主體自身的主動性遭到削弱,沒有人可以否認,催眠師占據的是自我理想的位置。在催眠中,一切事情似乎都變得更加清晰且強烈,正因如此,用催眠來闡釋戀愛情境會更加切中要害。催眠師是唯一的客體,除他之外,主體再沒有關注任何人。自我以夢境般的方式達到催眠師可能要求或宣稱的一切,這一事實提醒我們,我們未曾提及自我理想驗證事物真實性的功能。[103] 自我理想通常負責履行驗證事物真實性的責任,毫無疑問,倘若這一心理代理擔保了知覺的真實性,自我便會將這種知覺視作真實的。性目的不受抑制的衝動全然喪失,進一步助長這一極端純粹的現象。催眠關係是對所愛之人無限制的奉獻,並且將性的滿足被排除在外。但在戀愛的實際情形中,這種滿足只是被暫時抑制住,並且仍然作為未來某一時刻的目標而存在於幕後。

但就另一方面而言,還可以認為,催眠關係(如果這一表述是可行的)是兩個成員組成的群體形式。把催眠與群體形式相對比並不妥當,因為確切地說,催眠與群體形式是等同的。群體結構複雜,但催眠從中抽離出一個元素:個體面對領袖時的行

---

[103] 然而,這一功能是否應歸屬於自我理想尚有疑問。這一論點還需要更為細緻翔實的討論。

為。催眠經由人數限制來和群體形式相互區分，正如它以缺乏直接性目的來和戀愛相區分一樣。就此方面而言，催眠處於群體形式和戀愛關係這兩者之間。

耐人尋味的是，恰恰是在目的受抑制的情況下，性衝動才會塑造出個體之間的長久連結關係。我們可以輕易地從以下事實中釐清它的原委：性衝動無法達到完全滿足；而目的不受抑制的性衝動，則因為每一次的性滿足而致使自身能量受到額外的削弱。肉體慾望被滿足時，感官上的愛情也注定會消失。肉體之愛若想長久，就必須從一開始就有情感成分滲入。換言之，它的性目的要受到抑制，或者說，它本身必須經歷這種類型的轉變。

若不是催眠本身呈現出的某些特徵不符合理性闡釋，它將會直接解開群體的力比多法則之謎。目前為止，我們將催眠視為被抽離直接性傾向的戀愛狀態。必須承認，催眠中有許多東西是神祕難解、原因不明的。催眠之中包含著麻痺的額外因素，這種因素源自優勢強者與無力無助者之間的關係——動物身上出現的驚悚催眠，可能也是由此轉變而來的。催眠的形成方式，以及與睡眠之間的關係尚不清楚。有些人受制於催眠，而另外一些人則全然抗拒它，這樣的現象讓人困惑，也指向某種仍然不為人所知的因素。這種因素在催眠中實現，並且單獨使得催眠有可能呈現出力比多的純粹性。值得注意的是，即便在其他方面展現出完全的順從暗示性，被催眠者的道德和良心

第八章　愛和催眠

也可能會出現抵抗。不過,這也許可以歸因於如下事實:在一般實施的催眠中,某些認知也許會得到保留——現在發生的一切不過是一場遊戲,是對另一種更加重要生活場景的虛假再現。

不過,經過上述討論後,完全能夠為群體的力比多法則建構出一套正規化表述。至少會是我們迄今為止探究的那類群體,即擁有領袖,卻無法藉助高度「組織化」來間接獲得個體特徵的群體。這種初級團體囊括了這些個體:他們將同一個客體置於自我理想的位置上,進而在自我之中與其他人彼此認同。

群眾心理學與自我分析

第九章

人的群居本能

我們無法長期地沉浸於這樣的錯覺中:已經利用上述正規化表述解決了群體之謎。我們無法迴避即刻令人不安的回憶,即我們實際所做的一切已經將問題轉移到催眠的謎團上。而關於催眠,還有太多的問題有待釐清。如今,另一種反對意見呈現出進一步的研究思路。

人們可能認為,我們於群體中觀察到的強烈情感紐帶,完全足以解釋群體的特徵之一 —— 其成員缺乏獨立性和主動性,面對問題時表現出相似的反應。可以說,他們被降格到群體個體的水準。但倘若將其視為整體,那麼群體便能夠揭示更多東西。群體具備這些特徵:智力水準低下、缺乏情感約束、無法自制且行事衝動、容易表達出極端情緒,且喜歡用行動將情緒全部釋放。我們發現,勒龐已經對這些以及與此相似的群體特徵做出極為精采的表述,它們準確無誤地呈現如下景象:心智活動退行到更早的階段。可以毫不驚訝地在野蠻人和兒童身上找到類似特點。這種退行尤其是普通群體的本質特徵,而正如我們所知,在組織化和人為建構的群體中,這種退行在相當程

度上可以被遏制。

由此覺得，個體私下的情感衝動和智力行為太過勢單力孤，根本不可能達成任何成就。為了有所作為，個體必須依賴群體中的其他成員，以類似的方式重複這些衝動和行為來強化它們。我們注意到，這種依賴現象中有很多都是人類社會的正常組成部分，而其中展露出的創造性和個人勇氣則微乎其微，每個個體在相當程度上，都被群眾心理的態度所支配，這種群眾心理表現為種族特徵、階級偏見、大眾輿論等形式。當承認暗示作用不僅可以由領袖所施加，還會在個體成員之間發生時，暗示作用的影響便變得更加撲朔迷離。在此必須責備自己，因為我們曾經不恰當地強調個體與領袖的關係，並將相互暗示這一因素置於太過次要的地位。

憑藉這種謙虛自牧的精神，我們願意傾聽另一種意見，它賦予我們理論依據更為簡單的解釋。特羅特（Trotter）在自己邏輯縝密的著作中，談論到群居本能（1916年），其中就有上述需要的解釋。就特羅特的著作而言，我唯一的遺憾就是它未能完全擺脫由世界大戰所催生的反感情緒。

特羅特將上述出現在群體中的心理現象追溯到群居本能（群集性，gregariousness），這種本能對於人類和其他動物而言都是與生俱來的。特羅特表示，這種群集性從生物學上而言類似於多細胞動物，並且可以看作是後者的延續。從力比多理論的角度來講，它是力比多催生的傾向性的進一步呈現，所有同類

第九章　人的群居本能

生物都能感受到這種傾向性,並以更加複雜綜合的組成結合起來。[104] 倘若個體孤身獨處,便會感到不完整。幼兒展現出的恐懼,似乎就是這種群居本能的表達。對抗群體與脫離群體無異,因而個體會焦慮地加以迴避。然而,群體厭惡任何新的或不同尋常的東西。群居本能似乎就是某種基本因子,無法再繼續細分還原。

特羅特列出他認為是基本本能的清單,包括自我保存本能、營養攝取本能、性本能和群居本能。群居本能往往與其他本能互相衝突。負罪感和責任感是群集性動物的特有情感。精神分析揭示存在於自我之中的壓抑力量,而特羅特將其追溯到群居本能,並據此認定醫生在精神分析治療過程中,遭遇的抵抗力量同樣源自群居本能。言語的重要性應歸功於它對群體成員間相互理解的助益;個體彼此間的認同作用在相當程度上也都仰賴言語。

勒龐主要關注於典型的短暫群體形式,麥獨孤致力於研究穩固的團體,而特羅特則專注於最廣義的組織形式——個體作為政治動物在這樣的組織形式中度過一生。特羅特還闡述這種組織形式的心理學基礎。然而,特羅特沒有必要對群居本能追根溯源,因為他已經將其表述為基本且不可再細分的特質。特羅特提到,鮑里斯·塞德茲(Boris Sidis)試圖將群居本能追溯至暗示作用,這種做法對他而言是多餘的。這是一種熟悉卻不能

---

[104] 參見《超越快樂原則》(*Beyond the Pleasure Principle*)。

令人滿意的解釋，而其逆命題，暗示作用脫胎自群居本能，對我而言似乎進一步闡明了上述問題。

特羅特的解釋儘管公正合理，卻仍然容易遭到反駁：它幾乎沒有闡述領袖在群體中的作用。而我們則更傾向於相反的觀點，倘若忽視領袖，就不可能掌握群體的本質。群居本能沒有為領袖留下任何發揮作用的餘地，他不過是偶然被拋入了群體之中。繼而也無法推導得出，這種本能催生出對上帝的需求；羊群缺少了牧羊人。但除此之外，還可以從心理學方面瓦解特羅特的論述，換句話說，無論如何群居本能都是可以再還原的，它不像自我保存本能和性本能那樣基本而原始。

要追溯個體群居本能的發生過程自然並非易事。幼兒孤身獨處時展露出來的恐懼，儘管被特羅特斷定為群居本能的表現形式，但卻更容易用另一種理論來解釋。這種恐懼與兒童的母親有關，後來又與其他熟識的人有關，並且，它是欲望未得到滿足的表達，除了將其轉換為焦慮外，兒童尚不知道如何用其他方式來應對。[105] 兒童獨處時感受到的恐懼，並不會因為隨機見到的「群體成員」而得到安撫。恰恰相反，正是這類「陌生人」的靠近，導致他們產生出這種恐懼。因此，兒童身上長期觀察不到群居本能或群體感情的天性。群居本能這類特質最早在有許多兒童的幼兒園裡形成，兒童在這裡脫離了與其父母的關

---

[105] 參見《精神分析引論》(*Introductory Lectures*, 1916-1917) 第 25 節中針對焦慮的論述。

第九章 人的群居本能

係。此外,群居本能產生於年長兒童在接納年幼兒童時,對最初嫉妒情緒的反應。年長兒童自然妒忌地想要將其繼任者置於一旁,讓他遠離父母,並奪走他的所有特權。但年長兒童隨後會意識到這樣的事實:父母給予年幼兒童(以及更年幼的弟弟妹妹)的愛,與給予他的愛一樣多,正因如此,年長的兒童不可能在不傷害自身的情況下保持敵意態度,他將不得不把自己的認同轉向其他兒童。由此,兒童團體中出現共有的群體感情,並且,這種感情還在學校中得到進一步的發展。這種「反向作用」(reaction-formation)[106]的首要要求是公正,所有人都得到同等的待遇。我們都知道,這種要求在學校裡有多麼強烈和執拗。如果有一個人得不到寵愛,那麼其他人也都不應該得到寵愛。倘若同樣的過程無法在其他環境中觀察到的話,這種轉變,即群體感情在幼兒園和教室裡取代嫉妒心,也許會被認為不太可能發生。只需要想想女性和女孩群體,她們全都狂熱地迷戀著某位歌星或鋼琴家,表演結束後,她們會將偶像團團圍住。每個人肯定都很容易嫉妒其他人,但由於人數眾多,因而也不可能達成自己的愛情目標。於是她們放棄了目標,並且選擇組成團結一致的群體,而非相互競爭攻擊。她們用共同行動來向偶像致敬,可能還會願意分享偶像的縷縷長髮。她們原本是競爭對手,但如今藉由對同一客體相似的愛,成功地使自己與其他

---

[106] 「反向作用」是個體內心(潛意識中)不能為意識所接受的觀念、情感、衝動及欲望,因為自知這些無法容於社會,所以為防止此類具有威脅性或危險性的衝動與欲望被表達出來,個體將在意識層面表現出相反的態度和行為。

人相互認同。一般而言，當一種本能能夠導致各式各樣的結果時，不應該驚訝於實際的結果之中可能囊括了某種令人滿意的東西。而至於其他某些結果，由於可以清楚地看到因為生活環境阻礙其催生任何令人滿意的東西，因而也就被我們所忽視。

後來的社會中以群體精神形式呈現出來的東西，並不會掩飾其原初的嫉妒情感根源。沒有人一定要求自己出類拔萃，每個人都必須是同等的，包括擁有等價的財產。社會正義代表著，因為自身否認了許多東西，所以其他人也必須不能夠與它們有所牽扯，或者換句話說，他們不能夠去追求它們。這種對平等的追求是社會良心和責任感的根源，也出乎意料地在梅毒病人害怕感染別人的情緒中展現出來，並且，精神分析理論對此已有做出闡釋。這些可憐的感染者表現出來的恐懼，與他們強烈抗拒傳染他人的無意識願望是一致的。因為，為什麼單單只有他們被感染、被隔離？為什麼不是其他人被感染？在所羅門的審判（Judgement of Solomon）[107]的對應故事中，可以找到相同的想法萌發。倘若一位婦人的孩子死了，那麼其他婦人的孩子就同樣應該死去。喪失孩子的婦人顯然擁有這樣的願望。

由此，最初的敵意情緒反轉為認同性質的正向紐帶，並成為社會感情的基礎。迄今為止對這一程序所做的觀察表明，這種反轉似乎需要個體與群體外的某個人有共同的情感紐帶，在這種紐帶的影響下，反轉才得以發生。我們並不認為自己對認

---

[107] 尤指不按慣例而又對罪犯有效的或對其罪行處罰得當的判決。

第九章　人的群居本能

同作用的分析相當周全詳盡,但就此刻的目的而言,只需要回頭審視一項特徵 —— 其對平等一以貫之、執行到底的要求。前文已經探討過兩種人為建構的團體(教會和軍隊),並從中得知,它們存在的必要先決條件是領袖給予所有成員同等的愛。然而,不能遺忘的是,群體對平等的要求只適用於其成員,而不適用於領袖。所有成員之間必須彼此平等,但他們都想要被一個人所統治。許多平等的人能夠讓自己與其他人相互認同,同時單個個體位居他們所有人之上 —— 這便是我們在能夠持續存在的群體中發現的現實。那麼,在此大膽地糾正特羅特「人類是群居動物」的斷言。我們聲稱,人類不過是部落動物,不過是部落中由一個領袖領導的個體生物。

第十章

原始部落

　　1912年，我採納了達爾文的想法，其大意是人類社會的原始形態是由強大男性專制統治的部落。我試圖證明，這種部落的命運在人類的延續史上留下不可磨滅的痕跡。尤其是圖騰制度（totemism）[108]的發展，它本身囊括了宗教、道德和社會組織的開端，並且與暴力殺死領袖和父系部落向兄弟團體的轉變相關。[109] 誠然，這只不過是個假設，和考古學家為探明史前歷史所做的諸多假設無異。一位並無惡意的英國評論家打趣地說：「這太像故事了。」但我認為，倘若能夠為越來越多的新領域賦予前後一致的理論解釋，這樣的假設便值得信賴。

　　人類群體再度展示出一幅熟悉的圖像：力量優越的個人凌駕於平等的同伴群體之上。這樣的圖像同樣包含在我們對原始部落的看法之中。正如頻繁援引的描述中所傳達的，這種群眾

---

[108] 圖騰，就是原始時代人們把某種動物、植物或非生物當作自己的親屬、祖先或保護神。人們相信他們有一種超自然力量，會保護自己和自己的族群及部落，並且還可以獲得他們的力量和技能。在原始人的眼裡，圖騰是被人格化的崇拜對象。圖騰具有增加群體的團結精神、加強血緣關係，與令社會組織正常運作和互相區別的能力。

[109]《圖騰與禁忌》（1912-1913）。

心理,如意識層面的個體人格衰退、將思想與感情聚焦在共同方向、心智的情感方面和無意識精神生活占據主導地位、將浮現的意願即刻付諸行動的傾向性,所有這些都相當於退行至初級的心智活動狀態,如同傾向歸諸於原始部落的心理狀態。[110]

因此,這種群體在我們看來是原始部落的復現。正如原始人潛藏於每個個體身上一樣,原始部落可能會因為隨機的聚集而再度形成。只要人們仍習慣受到群體支配,我們就能從中辨識出原始部落的存在。必須得出結論,即群眾心理是最古老的人類心理。藉由忽視群體的所有痕跡而抽離出來的個體心理,也許只是經由一個漸進的、描述不完整的過程,而在古老的群眾心理中突顯出來。隨後將冒險嘗試具體說明這一演變的出發點。

進一步思考將會讓我們知道,需要對這一論述做出哪些修正。事實恰恰相反,個體心理必須與群眾心理一樣古老。因為從一開始便存在兩種心理,即群體中個體成員的心理以及父親、首領或領袖的心理。群體成員受到情感紐帶的支配,正如

---

[110] 我們對人類特徵所做的一般性描述,必然尤其貼合於原始部落。個體的意志太過脆弱不堪,因而不敢冒險付諸行動。除去群體的衝動外,任何衝動都會流於無形。只存在共同的意志,不存在單一個人。一種理念倘若沒有經由廣泛傳播進而感受到自身被加強,就不會有膽量轉變為實際行動。理念的這種軟弱性可以借由情感紐帶的力量來闡釋,部落的全體成員共用這種情感紐帶。不過,部落成員生活環境的相似性,以及私人財產的缺失,同樣有助於催生成員個人心理行為的一致性。正如從兒童和士兵身上可能觀察到的那般,共同行動甚至將排泄涵蓋在內。明顯的例外是性行為,在這裡,第三者也是多餘的,並且在極端情形中,它註定會成為痛苦的期待狀態。至於性需求(尋求性器官滿足)對群集性的反作用,請參閱下面的論述。

第十章　原始部落

當今所見到的那般,但原始部落的父親是自由不受控的。他的智力活動即便在獨處時也是有力且不受約束,他的意志也不需要由其他人強化。一致性原則致使我們相信,他的自我只具備極少的力比多紐帶。他只愛自己,除此再無他人,或者只愛那些能夠滿足自身需求的人。他的自我僅僅在必要時才會讓位於客體。

自人類歷史發生之初,他便是尼采期許能夠在未來出現的「超人」。甚至在今天,群體成員也迫切需要這樣的幻象:領袖給予他們同等而公正的關愛。但領袖本人不需要愛任何人,他可能專橫傲慢、狂熱自戀、信心十足且不受拘束。我們知道愛能夠阻斷自戀,並且,還有可能證明,愛是如何藉助阻斷自戀進而成為文明因素的。

部落的原初父親(primal father)最初並非不朽的存在,他只是在後來被神化。倘若他去世,就必須要有人來取代他。他的地位很可能由幼子繼承,在此之前,這個幼子和其他人一樣,也是群體的成員。因此,這裡一定存在群眾心理向個體心理轉變的可能性。我們還必須尋找一種情境,在這種情境下,上述轉變可以輕易完成,正如蜜蜂在必要時刻可以將幼蜂轉變為女王蜂而非工蜂那樣。對此只能夠想像出一種可能性:原初父親阻礙兒子們滿足直接的性衝動,他強迫兒子們禁慾,進而讓他們彼此之間以及與自己之間形成情感紐帶。這種情感紐帶就源自性目的被抑制的衝動,也即是說,原初父親迫使兒子們獲得

群眾心理。他的性嫉妒和偏狹最終變成群眾心理的成因。[111]

無論誰成為原初父親的繼任者,他都被賦予獲得性滿足的可能性,並藉此打通脫離群眾心理的路徑。對女性的力比多固著,以及不需要任何延遲或累積便可獲得滿足的可能性,終結了性目的受到抑制之衝動的重要性,並允許其自戀總是處於極致的高度。附錄中將再次談論愛與特質形成之間的關係。

此處將進一步強調,人為建構的群體與原始部落建制之間的關係,因為這很有啟發意義。我們可以看到,就軍隊和教會而言,這種人為群體營造出領袖同等而公正地愛著所有人的錯覺。但這僅僅是對原始部落形態的理想主義重塑。在原始部落中,所有兒子都知道他們遭到原初父親同等程度的迫害,並無差別地畏懼於他。所有社會責任都建立在這種重塑過程之上,並且人類社會的下一種形式,圖騰氏族(totemic clan),則為這種重塑提供條件。家庭作為自然群體形式不可摧毀的力量有賴於這樣的事實:父親給予同等之愛這一先決條件,能夠真正地適用於家庭。

然而,我們甚至期待能夠從原始部落看到更多這種衍生群體。它還應該有助於理解群體形式中,仍舊難以理解的神祕之物——所有潛藏在「催眠」和「暗示」這兩個莫測高深詞語之下的東西。我認為同樣能在這一方面取得成功。還記得,催眠

---

[111] 也許還可以假定:兒子們遭到父親驅逐或與父親分離,他們將彼此之間的認同作用發展為同性戀的客體之愛,並借此獲得弒父的自由。

第十章　原始部落

之中擁有某種正向的神祕怪異之物。然而，神祕怪異的特性暗指某種遭受壓抑的古老而熟悉之物。[112] 讓我們思考一下，催眠是如何被誘導產生的。催眠師聲稱，他擁有奪取被催眠者意志的神祕能力。或者，被催眠者相信催眠師擁有這種能力，兩者沒有差別。這種神祕力量（儘管如今它常常被稱為「動物磁場」[animal magnetism]），必定與原始人視為禁忌來源的力量相同，也與國王和酋長散發出的力量相同，這種力量使得人們很難靠近他們（神力，mana）。催眠師被認定擁有這種力量，那麼他如何呈現這種力量？催眠師要被催眠者直視自己的眼睛，最典型的催眠方法就是運用自己的目光。而這正如同原始人從酋長的目光中感受到危險和難以忍受，也如同後來上帝對芸芸眾生的凝視。就連摩西（Moses）也必須擔任耶和華（Jehovah）及其子民之間的仲介，因為其子民無法承受上帝的凝視。摩西從上帝那裡歸來後，他的臉龐閃耀著光芒——某些神力被轉移到他的身上，相同的情形也會發生在原始人的仲介身上。[113] 的確，用其他方式也可以喚起催眠，譬如，注視發光的物體，或者聆聽單調的聲音。這具有誤導性，且為偏駁的生理學理論提供論證依據。

事實上，這些程序僅僅轉移了刻意的注意力，並將其固定下來。這種情景就類似於催眠師對被催眠者說：「現在，你要完

---

[112] 參見《藝術論》(*The "Uncanny"*, 1919 年)
[113] 參見《圖騰與禁忌》(*Totem and Taboo*) 及其援引的資料。

全專注於我一個人，世界上的其他事物全都無聊乏味。」催眠師的這番話在技術上當然並不妥當，它僅能夠勉強使被催眠者脫離自身的無意識態度，還會刺激他產生有意識的對抗態度。催眠師要避免引導被催眠者的意識思維進入他自身的意圖之中，且應令其施加影響的個體沉浸在一種情境中，同時這個世界對於個體來說，似乎必定要索然無味。這個時候，被催眠者實際上無意識地將所有的注意力都集中在催眠師身上，從而進入情感融洽的狀態，並移情（transference）[114]於催眠師。這種間接的催眠方法，與講笑話時運用的許多技巧是一樣的，具有阻礙精神能量特定分布的效果，這種精神能量可以影響無意識事件的程序。它們最終帶來與凝視或言語引導等直接影響方式相同的結果。[115]

費倫齊獲得重大發現：催眠一開始時，催眠師會下令讓被催眠者入睡，而在這個過程中，催眠師將自身放在被催眠者父

---

[114] 移情是精神分析的重要概念之一，最早由佛洛伊德提出。移情是指患者的欲望轉移到分析師身上而得以實現的過程。這關係到病人所關注的客體，也就是說，精神分析所認為的移情，實際上是指患者在童年時對某個客體的情感（這個客體尤指父母），在治療過程中轉移到另一個客體或另一個人身上，通常來說就是病人的精神分析師。

[115] 我們想要在此指出：被催眠者的意識儘管被單調乏味的知覺所占據，但他的態度卻還是被無意識地引導到催眠師身上，這種情形與精神分析治療中發生的過程類似。在每次分析過程中，至少會出現一次這樣的時刻：病人固執地認為，此刻他的頭腦中的確空無一物。他的自由聯想停止了，促使它們運作的常用措施也不再有效。倘若分析師窮追不捨，病人最終會被迫承認，他正在思考診斷室窗外的風景，或是他面前的風景，又或是懸掛在天花板上的煤氣燈。我們立刻就知道，病人進入了移情狀態，他開始沉浸在與醫生有關的無意識思考中。一旦給予病人這種解釋，他的聯想障礙便會隨之消失。

第十章　原始部落

母的位置上。費倫齊認為有兩種催眠需要區分：一種是勸誘撫慰，費倫齊認為這是在仿效母親；另一種是威脅恫嚇，費倫齊認為這脫胎自父親。催眠中要求入睡的命令，恰恰代表著指使被催眠者收回對外部世界的一切興趣，並將注意力集中在催眠師一人身上。被催眠者正是如此理解的，因為睡眠的心理特徵就存在於興趣自外部世界中退回，而睡眠與催眠狀態的緊密連繫正是以此為基礎。

催眠師藉助催眠手段，喚起被催眠者一部分古老的遺存物，這種遺存物同時也讓被催眠者服從於其父母，並在被催眠者與其父親的關係之中產生獨特的復甦。如此一來，被喚醒的東西其實是一種對至高無上又危險至極的人格的意識。面對如此人格，只有可能擺出被動受虐的姿態，個人的意志也不得不受其支配——單獨與他相處或者「望向他的臉龐」，似乎就成為一項危險的行為。正是僅僅在如此這般的方式中，方能想像出原始部落的個體成員與原初父親的關係。從其他情形中得知，對於恢復此類舊反應，個體保留了不同程度的傾向性。某些觀點認為，不管怎樣催眠都只是一種遊戲，是對這些舊印記的欺騙性復興，而這樣的說法也許稍有不妥。請注意，在催眠之中，意志懸置的一切嚴重後果都會遭遇抵抗。

群體形成中的離奇性和高壓性與暗示作用相伴而生，並呈現在暗示現象之中，也許可以合理地將它們追溯至自原始部落起源的事實。這種群體的領袖仍舊是令人畏懼的父親，且依然

希望被無限制的力量所支配。它極度迷戀於權威,借用勒龐的話來說,它對服從充滿渴望。原始父親是群體的理想,它站在自我理想的位置對自我發號施令。催眠可以恰當地描述為兩個人組成的群體,此處潛藏著暗示作用的定義:以不自覺性慾紐帶和推理為基礎的堅定信念。[116]

---

[116] 作者注:我覺得理應強調的事實是,這部分的討論誘使我們放棄伯恩海姆(Bernheim)的催眠概念,並回歸早期的素樸觀點。根據伯恩海姆的觀點,所有催眠現象都可以追溯至暗示因素,而暗示作用本身無法再做出進一步的闡釋。我們得出這樣的結論:暗示作用是催眠狀態的部分顯現,而催眠則牢固地建立在一種傾向性之上,並且這種傾向性自人類家庭的早期歷史起便存在於無意識之中。

第十一章

等級區分

　　倘若我們審視今日個體的生活，同時牢記權威們互為補充的群眾心理學理論，那麼，面對顯露出來的錯綜複雜問題，可能會喪失嘗試做出綜合闡述的勇氣。每個個體都是形形色色群體的組成部分，在許多方面都會受到認同作用紐帶的束縛。並且，個體依照各式各樣的典範建立起自己的自我理想，因而，每個個體都共享著許許多多的群眾心理——個體的種族、階級、教義、國家，諸如此類。個體還能夠使自己超乎這些心理之上，進而獲得少量的獨立性和原創性。相對於迅速成形、短暫存在的群體，這種穩定而長久的群體形式，以及其團結且長存的附帶效應，並沒有讓研究者感到太過訝異。而針對前者，勒龐已經就其心理特徵做出精妙絕倫的心理學概述。並且，正是在這些仿似複疊在其他群體之上的嘈雜而轉瞬即逝的群體中，我們見證到已經被確認為個體才能的特質徹底消失，即便這樣的奇觀僅短暫存在。

　　我們將這種奇觀解讀為，個體放棄自我理想並以具化在領袖身上的群體理想取代。此處必須修正補充，這種奇觀不是在每

一個案例中都同等顯著。在許多個體身上,自我與自我理想之間並沒有明顯的鴻溝,兩者仍舊很容易重合。自我常常會保持早期的自戀性自滿,這種情形相當程度上促進了領袖的選擇。領袖往往僅僅是具備個體的典型特質,尤其是那些純粹形式化的顯在特質。並且,領袖只需要給予人強力和力比多不受約束的印象,在這種情況下,對強力領袖的需求,往往就會致使個體向他妥協,進而賦予他原本無力宣稱的支配權力。除此之外,該群體的其他成員不會在沒有修正的情況下,將自我理想具化在領袖身上。並且,他們會和其餘人一起被「暗示」,即受到認同作用所裹挾。

我們意識到,對闡釋群體力比多結構所能做出的貢獻,回歸到自我和自我理想的區分,以及使其成為可能的兩類紐帶,即認同作用和將客體置於自我理想的位置。這類設想將區分自我等級作為自我分析的第一步,此設想必須逐步在心理學的各個領域確立其合理性。在論述自戀心理的文章中,我已經收集整理了所有的病理學數據,它們當下就可以作為這種區分的事實依據。但可以預見的是,隨著對精神疾病心理學的研究越深入,便會越意識到它的重大意義。認真思考一下,如今自我進入客體與自我理想的關係之中,而自我理想正是從自我之中發展而來。另外,我們在研究精神官能症的過程中便已經了解到,外部客體與作為整體的自我之間的所有相互作用,都可能在自我內部這種新的運作情境中重現。

第十一章　等級區分

在此處,將僅僅關注從上述觀點中可能得出的一個結論,進而來重新探討一個在其他地方不得不擱置的問題。[117] 我們所知的每一種心理分化,都代表著心理功能困難的惡化,加重它的不穩定性,並且可能成為它崩潰的起點,也就是說,導致疾病發作。從出生的那刻起,我們便從絕對自足的自戀走向感知變化中外部世界的狀態,並開始發現客體。並且,與此關聯的事實是,人們無法長時間忍受事物的新狀態,在睡眠中週期性地退回到先前缺乏刺激和逃避客體的狀態。然而,事實是人們以此遵循來自外部世界的暗示,並藉助日夜的週期性變化,暫時性地退出影響我們的大部分刺激。這個階段的第二個事例,從病理學角度來說更為重要,並且不受上述條件的限制。在成長變化過程中,人們成功地從自身的心理存在中分離出連貫的自我、無意識以及無意識之外的被壓抑部分。並且,這種新獲得物的穩定性還暴露在持續的衝擊之下。在夢境和精神官能症中,遭到驅逐的東西便會叩門要求進入,儘管會有阻抗作用來防禦它們。在健康的清醒生活裡,我們使用特定技巧來允許被壓抑之物繞過阻抗作用,並暫時性地接納它進入自我,以增加快樂。玩笑和幽默,以及部分喜劇都可以從這個角度來解讀。每一個熟悉精神官能症心理學的人,都會聯想到不那麼重要的類似事例,但此處只關注視野範圍內的應用範例。

完全可以想像得到,自我理想與自我的分離同樣無法長久,

---

[117]　參見《哀悼與憂鬱》(1917 年 e)。

並且必須被暫時性打破。在施加於自我身上的所有壓抑和限制中，時常違反禁忌成為常規，這一點的確在節日制度上展現出來。就起源來看，節日制度不過是由法律所准許的過度放縱，而節日的歡樂氣氛則要歸功於它們所帶來的豁免狀態。[118] 古羅馬的農神節（Saturnalia）和現代的狂歡節，在這一本質特徵上與原始人的節日一致，它們通常都以各種類型的縱情酒色以及僭越原本最神聖的戒律而告終。然而，自我理想囊括自我不得不默許的一切禁忌，並且出於這個原因，廢止這種理想必然會成為自我的盛大節日，而這可能會再次讓自我感到滿足。[119] 只要自我中的某些東西與自我理想符合，個體便會體會到勝利的欣喜。而罪惡感（以及自卑感）也可以理解為自我與自我理想之間的張力展現。

眾所周知，有些人的情緒狀態會出現週期性的波動，從極度的憂鬱進入某種中間狀態，再演變為高漲的幸福狀態。這些波動以不同的幅度呈現出來：從僅僅是可覺察的變化，到那些極端的事例（包括憂鬱症 [melancholia] 和躁症 [mania] [120]），後者使得當事人的生活承受極大的苦惱和折磨。在這種週期性

---

[118] 參見《圖騰與禁忌》（《標準版全集》第 13 卷第 140 頁）。
[119] 作者注：特羅特將壓抑追溯至群居本能。我在談論自戀的文章中說過：「對自我而言，自我理想的形成會成為壓抑的發生因素。」這句話只是用另一種方式闡述特羅特的觀點，而非對其觀點的駁斥。
[120] 「躁症」是異常喚起的情感和能量水準狀態，或者也可以說，是伴有情緒高漲和情緒起伏不定的過度反應狀態。雖然「狂躁」經常被視為是抑鬱的對立面，但是高漲的情緒種類既可以是欣快感受，也可以是怒火沖天。隨著躁症越來越嚴重，易怒情緒將越來越外泄，並導致暴力行為。

第十一章 等級區分

憂鬱的典型例子中,外部介入的因素似乎無法發揮任何決定性作用。至於內在的動因,在這些病人身上並不會比在其他人身上找到更多或更少東西。結果就是,人們習慣將這些案例視作非心因性疾病。當前將論及其他極為相似的週期性憂鬱案例,它們可以被輕易地追溯至心理創傷。

情緒這些自發性波動的基礎不為人所知,我們無法洞察憂鬱症被躁症置換的機制。於是,此處隨意假定,這些病人也許正是適用於我們推論的人——他們的自我理想先嚴格支配著自我,之後又短暫地融合進自我。

讓我們梳理一下已經明確剖析的知識:根據對自我的分析,毫無疑問,在躁症的案例中,自我和自我理想融合在一起,以致這個身處狂喜和自滿心境的人,不會受到自我批評的困擾,可以無所顧忌地行事,不考慮其他人的感受,同時不必受到良心的責備。沒有如此顯而易見,但可能性依舊非常高的是,憂鬱症患者感受到的痛苦,是自我的兩個代理之間尖銳衝突的展現。在這場衝突中,過度敏感的自我理想無情地譴責處於自卑和自我貶低錯覺中的自我。唯一的問題是:針對自我和自我理想的關係變化,究竟應該在上文假定的對新體制的週期性反叛中尋找原因,還是應該判定是其他環境因素導致這種結果?

轉變為躁症並非憂鬱症症候不可或缺的特徵。某些單純的憂鬱症(或是只發作一次,或是反覆發作)從來就沒有顯露出這種病症轉換的特徵。

另外，在某些憂鬱症病例中，外部介入因素顯然扮演著病因的角色。這些因素隨著愛之客體的喪失而出現，導致喪失的原因可能是死亡，也可能是環境因素，但無論如何，它們都迫使力比多從客體身上撤回。這類心因性的憂鬱症可能會以躁症告終，並且極易像自發出現的病例那樣，多次重複這種循環。因此，事情的狀態還不甚明朗，尤其是因為精神分析學只研究了少量的憂鬱症形式和因素。[121] 迄今為止，僅能理解那些客體被拋棄的案例，因為客體已經表明自己不值得被愛。接著，藉由認同作用，自我在內部再度建構客體，這個客體承受自我理想的嚴厲譴責。最終，直接指向客體的責備和攻擊以憂鬱性自我譴責的形式呈現出來。[122]

這種類型的憂鬱症也可能以轉變為躁症而告終，因此，這種事情發生的可能性，表現出它與其他臨床特徵無關的特點。然而，我發現可以毫無困難地將自我對自我理想的週期性反抗特徵，同時賦予兩種憂鬱症，即心因性憂鬱症和自發性憂鬱症。在自發性憂鬱症中，可以假定自我理想傾向於施加嚴格的限制，其後又自動地導致自身短暫停擺。在心因性憂鬱症中，自我因為自我理想的暴虐迫害而奮起反抗。暴虐迫害發生在個體認同於遭拒絕的客體之時。

---

[121]　參見亞伯拉罕（Abraham）1912 年的著作。
[122]　確切地說，這些責備和攻擊將自身隱匿在針對主體的自我責難之後，並致使這種責難帶有憂鬱症患者自我譴責所特有的固執、堅韌和專橫。

第十二章

附錄

我們暫時結束了上述探究,在這個過程中,偶然發現許許多多的岔路旁徑。起初,我們都刻意避開它們,但這之中有許多都提供了洞察事物本質的可能性。現在,希望能夠重新拾起一些曾被擱置一旁的觀點。

一、起初我們研究了兩類人為建構的大群體,即軍隊和教會,這兩類群體輕鬆地證明自我對客體的認同作用與客體替代自我理想之間的差別。

顯然,假如士兵認同與自己同級的人,並從自我共同體中得知友誼所暗指的相互幫助和共享財產的責任,那麼,他也就將上級,即軍隊領袖視為自己理想的榜樣。但是,倘若試圖將自己與將軍畫上等號,那麼他就會變得滑稽可笑。《華倫斯坦的軍營》(*Wallensteins Lager*)中的士兵,就是因為這個理由才嘲笑中士:

瞧他咳嗽的樣,

瞧他吐唾沫的樣,

虧他學得那樣像!

天主教教徒便不是如此。每位信徒都愛基督，將其視為自己的榜樣，並憑藉認同作用的紐帶與其他信徒團結在一起。然而，教會對信徒的要求更多，信徒還要將自己等同於基督，並像基督愛他們那樣愛其他信徒。因此，在這兩個方面，教會都要求由群體形式所決定的力比多存量得到補充。認同作用必須補充到客體選擇發生的地方，並且客體之愛必須補充到認同作用發生的地方。這種補充顯然發生在群體結構之上。一個人可以絲毫沒有占據基督的位置，也不像祂那樣博愛，但這不妨礙他成為一個優秀的信徒。一個孱弱的凡夫俗子，不必認為自己能擁有救世主的偉大靈魂和強烈的愛。然而，分布在群體中的力比多獲得進一步的發展，信徒也許就是據此因素宣稱自己的道德素養達到更高水準。

二、我們曾經提到具體闡明這種論點的可能性：在人類心智的發展史上，從群眾心理到個體心理的演進，同樣由組成群體的個體成員所達成。[123]

為達到這個目標，必須暫時回歸到原始部落父系社會的神話上。父親在後來被推崇為世界的創造者，這是合理的，因為他培養出組成第一個群體的所有兒子。他是每個兒子的典範，既被畏懼又被尊崇，這樣的事實後來催生出禁忌的概念。許多個體最終聯合起來，殺死了父親，並將他碎屍萬段。然而，這

---

[123] 作者注：我與奧托・蘭克（Otto Rank）有過交流，受他的影響，我撰寫了此處之後的內容。也可參閱蘭克 1922 年的著作。

第十二章 附錄

群勝利者中沒有一人能夠取代父親的地位，或者說，倘若他們中有一人這樣做了，戰爭便會重新開始，直至他們意識到他們必須全都放棄父親的遺產。於是乎，他們形成圖騰制的兄弟團體，分享同等權力，並藉助圖騰禁律團結起來；這些禁律可以保存和救贖謀殺的記憶。然而，他們對已經取得之物的不滿足依舊存在，並且這種不滿足成為促成新發展的泉源。在這個團結兄弟群體裡的人逐漸趨向於在新水準上恢復事物的舊狀態。男性再次成為家庭領袖，並打破父權缺席時期確立下來的女權政治特權。作為補償，他可能在此時承認母親的神聖；為了保護母親，他還閹割了母親的祭司。這是在仿效原始部落父親所確立的典範。然而，新家庭不過是舊家庭的影子。許許多多的父親存在著，每一位父親的權力都會受到其他父親的限制。

也許就是在此時，某個個體出於殷切的渴望，採取步驟逐步脫離群體的控制，並占據父親的位置。完成此舉的便是首個史詩詩人；詩人藉由自己的想像力實現了這樣的跨越。這位詩人遵循自己的渴望來用謊言掩蓋真相。他創造出英雄神話，英雄孤身一人殺死父親，父親則作為圖騰怪物仍舊出現在神話中。正如父親是男孩的首個榜樣，如今在渴望獲得父親地位的英雄身上，詩人創造出最初的自我理想。最年幼的兒子更可能轉變為英雄，他深受母親的寵愛，母親保護他免遭父親的嫉妒。並且，他在原始部落時期還是父親的繼任者。女性曾經是戰爭的戰利品、謀殺的誘因，但在史前時期虛妄的詩意幻想裡，她們

可能成為犯罪行動的主動引誘者和煽動者。

英雄聲稱自己獨自完成了只有整個部落才敢冒險一試的壯舉。然而，正如蘭克所觀察到的那般，童話中留下的清晰痕跡，指向那些被否認的事實。在童話中時常看到，那個不得不肩負起某種重任的英雄（通常是幼子，他向來在父親的替身面前表現得愚鈍蠢笨，讓他覺得自己天真無害），往往要在一群小動物（譬如蜜蜂和螞蟻）的幫助下，才能夠完成任務。在原始部落中，這些小動物其實就是英雄的兄弟姐妹。這就像是夢裡面具有象徵意義的昆蟲和害蟲，它們所代表的同樣是兄弟姐妹（被輕蔑地視為嬰兒）。此外，神話和童話中的每一項任務，都可以視為英雄事蹟的替代品。

因此，神話是個體在群眾心理中嶄露頭角所借助的手段。最初的神話必然是心理學意義的，即英雄的神話；而詮釋性神話必然是很晚才出現。詩人藉助這一手段在自己的想像中擺脫群體的控制，但仍舊能夠（正如蘭克進一步觀察到的）在現實中找到回歸群體的途徑。因為他回歸了，並且將自己創造的英雄事蹟與群體相互連結。這個英雄不是別人，正是詩人自己。由此，詩人將自己置於現實層面上，而將其聽眾提升至想像層面。然而，詩人的聽眾理解詩人，並且，因為他們全都渴望原始父親，故可以使自己與英雄相互認同。[124]

英雄神話的謊言在英雄的神聖化中達至頂點。也許，神化

---

[124] 參見漢斯・薩克斯 1920 年的著作。

的英雄比父神（Father God）更早出現，並且可能是作為神的原始父親回歸的先兆。那麼，諸神按照歷史順序來排列則是：母親女神（Mother Goddess）[125]—英雄—父神。但正是因為永垂不朽的原始父親崇高化，天神方才擁有如今在原始父親身上辨識出的種種特質。[126]

三、在本書中，闡述了關於直接的性本能和目的受抑制的性本能，希望這種區分方式不會遭到太多的質疑。不過，詳實地討論這一問題不會顯得不合時宜，即便只是重複許多先前已經討論過的觀點。

兒童的力比多發展提供目的受抑制性本能的首要範例，並且已經為人們所熟知了。兒童對其父母以及照顧者的全部感情，可以輕易地轉變為表達兒童性衝動的願望。兒童向他所愛的客體索求自己所知曉的一切情感訊號；他想要親吻他們、碰觸他們、凝視他們；他充滿好奇地觀察他們的生殖器，想要和他們一起完成私密的排泄活動；他承諾要迎娶母親或保母，而不論自己如何理解婚姻；他還提議自己為父親生育一個孩子，諸如此類。直接的觀察以及後續對童年殘餘的分析研究，毫無疑問地表明親暱與嫉妒感情的全然融合，以及各種性意向的全然融合。這些研究還表明，兒童是以怎樣的基本方式令其所愛之人

---

[125]　「母親女神」擁有很強的生育能力，是傳說中整個氏族的母親。
[126]　作者注：在這一簡短的陳述中，沒有嘗試援引任何存在於傳說、神話、童話或風俗史中的資料來佐證自己的推測。

轉變為他尚未恰當集中性衝動的客體。[127]

在典型的範例中，兒童之愛的最初形態以伊底帕斯情結的形式呈現。我們知道，它從潛伏期（periodoflatency）[128]開始便屈從於波浪般的壓抑作用。它所遺留下的能量將自身呈現為純粹感性的情感紐帶，並指向相同個體，但已經被形容為與「性」無關。精神分析意在闡述深層的精神生活，它輕而易舉地表明，童年早期歲月裡的性紐帶仍舊存在，儘管被壓抑進無意識之中。它使我們有勇氣斷言：無論在何處遭遇深情之愛，它都只是延續自純粹「性慾」客體紐帶，此紐帶連結到議題中的人或者說那個人的原型（或者說心象[imago][129]）。倘若沒有專門的研究，它的確無法揭示，在既定情況下這種原本純粹的性衝動究竟是仍舊存在於壓抑作用之下，還是已然被消耗殆盡。確切而言：我們自然可以肯定這種衝動仍舊作為形式和可能性存在，並且總是能夠被關注，以及藉由退行來再度活躍。唯一的問題是（我們並非總是能解答它），在當下，心力能夠在多大程度上貫注於它，以及它擁有多大的行動力。就此而言，必須同等程度地努力避免兩種錯誤根源：低估被壓抑的無意識之重要性的斯庫拉（Scylla），以及全然用病理學的標準評判正常人的卡律布狄斯（Charybdis）。[130]

---

[127] 參見《性學三論》（1905年）。
[128] 佛洛伊德認為，在性器期過後有個漫長而平靜的心理發展階段，在這一階段沒有重要的潛意識驅動力迫使自我滿足，這一階段即為潛伏期。
[129] 無意識中對他人形成的理想形象。
[130] 斯庫拉和卡律布狄斯都是希臘神話中的危險女妖，佛洛伊德以此來比喻兩種不

第十二章 附錄

不願深入洞察或者不能深入洞察被壓抑之深層心理的心理學，往往認為感性的情感紐帶始終不蘊含性目的之衝動的表達，即便它們衍生自蘊含此種目的的衝動。[131]

我們有理由說，感性的情感紐帶已經避開這些性目的，即便對這樣的目的轉移做出符合後設心理學要求的闡述還有一些困難。此外，那些目的受抑制的本能始終保留著一些原初性目的的殘餘，即便是虔誠的信徒、好友或仰慕者，如今只能在「保羅教義」(Pauline)意義上，渴求所愛之人的身體親近和目光凝視。可以將這種目的轉移視為性本能昇華(Sublimation)[132]的開端，或者換句話說，可以將昇華的限度固定在更高點。目的受抑制的性本能比目的未受抑制的性本能在功能上更具優勢，因為它們無法獲得真正且徹底的滿足，所以特別適合建立永久的紐帶。而那些直接的性本能在每次獲得滿足後，都要蒙受能量的損失，並且必須等待性慾力比多重新累積方能恢復，而與此同時，性慾客體可能已經轉變。目的受抑制的本能能夠在任何程度上與未受抑制的本能相互混合；前者可以轉化為後者，正如後者衍生出前者。眾所周知，情愛的願望很容易自友誼性質的情感關係中孕育而出；後者建立在欣賞和感激（對比莫里哀[Molière]的「請為希臘之愛吻我」）之上，存在於導師和學生之

適宜的做法。
[131] 敵意感情在結構方面無疑更為複雜一些。
[132] 「昇華」原是佛洛伊德心理動力學體系的專門術語，如今已成為討論文藝思想時的重要概念；意指被壓抑在無意識裡面的衝動或欲望轉移到社會所能允許的事物上，這是一種象徵性欲望的滿足。

間,演奏者和愉悅的聽眾之間,對女性而言則尤其如此。事實上,這種情感紐帶的增強,連同其漫無目的的開端,為性客體的選擇提供常見的途徑。普費斯特(Pfister)在其著作《欽岑多夫伯爵的虔誠》(*Frömmigkeit des Graf von Zinzendorf*, 1910)中,提供一個極為清晰而又絕不孤立的範例:甚至是牢固的宗教紐帶也可以輕而易舉地回歸為熾烈的性興奮。另外,轉瞬即逝的直接性衝動也會頻繁地轉變為長久而純粹的情感紐帶。熱情之愛帶來的婚姻鞏固相當程度上仰賴於這一過程。

當內部或外部的障礙使得性目標不可企及時,目的受抑制的性衝動便會從直接的性衝動中衍生而出。知曉這一點自然不應該讓人感到震驚。潛伏期裡的壓抑作用便是此類內部障礙之一——確切而言,是轉變成為內部障礙。我們假定,原始部落的父親由於其性偏狹而強迫所有兒子禁慾,從而迫使他們加入其性目的受抑制的紐帶,而父親卻為自己保留性享樂的自由,並藉此避免紐帶的束縛。群體所仰賴的所有紐帶都具備本能衝動的特點之一,即目的受到抑制。此時,已經接近於新主題的討論——解決直接的性本能和群體形成之間的關係。

四、最後兩點評論引導我們發現,直接的性衝動不利於群體的形成。在家庭的發展史上,的確存在過群體的性愛關係(群婚制)。但性愛對於自我來說變得越重要,就越會演變為戀愛的特徵,同時也就越迫切地要求局限於兩個人之間(一對一)——正如生殖目標本質所限定的情況。一夫多妻的傾向必須在不斷

第十二章　附錄

改變性慾客體中求得滿足。兩個人為了獲得性滿足而聚集在一起，就尋求獨居而言，他們是在展示對群居本能即群體感情的反抗。他們越是沉浸在愛情中，就越能徹底滿足彼此的需求。他們對群體影響的抗拒以羞恥感的形式表現出來。極端暴力的嫉妒情緒受到鼓動，用以保護性客體的選擇免於群體紐帶的干擾。在愛情關係中，只有當感情性因素（即私人的因素）全然讓位於性因素時，兩個人才有可能在他人在場的情況下性交，或者群體中才有可能出現群交的情況，譬如公開縱淫的聚會。但到了此時，兩性關係已經退行至早期階段，在這一階段，墜入愛河尚未發揮任何作用，所有性客體都被賦予同等的價值。這有些類似於蕭伯納（Bernard Shaw）惡毒的格言：戀愛代表著嚴重誇大了女人與女人之間的差異。

　　有大量的跡象表明，戀愛只是在男女性關係的後期才會出現的現象，以至於性愛和群體紐帶之間的對立，同樣要到後來才得以發展。現在看來，這一假定似乎與原始家庭的神話並不相容。因為畢竟我們已經推定，正是藉由對母親和姐妹的愛，一群兄弟們才被驅使著弒父。很難將這種愛想像成分化為非原始之物，即感情和性慾緊密結合的產物。不過，進一步的思考將這種針對我們理論的反駁變成對於它的確認。弒父引發的結果之一終究是圖騰異族婚姻制度的建立——禁止與從兒童時期起便溫柔關愛的家族婦女產生任何性關係。如此一來，男人的情感便和性慾分割開來，直至今日，人們依舊堅定地維繫這種

分別。作為這種異族婚姻的結果,男人必須從不愛的陌生女子身上獲得性滿足。

在人為建構的龐大群體如教會和軍隊中,沒有任何餘地讓女性充當性客體。男女之間的愛情關係被阻擋在這些組織之外。甚至在由男女共同組成的群體裡,兩性差異所扮演的角色仍舊無關緊要。探究凝聚群體的力比多本質是同性的還是異性的,幾乎沒有任何意義,因為它並非依據性別來區分,並且這尤其展露出對力比多生殖組織目的的全然漠視。

一個人可能其他方面都已經完全沉浸在群體之中,但即便如此,直接的性衝動仍舊使他保留著一些個人活力。如果這些性衝動變得太過強烈,便會瓦解所有形式的群體。天主教會有充分的理由勸告其信徒保持單身,並將獨身生活強加於教會牧師。然而一旦墜入愛河,即使是牧師也往往會受到驅使而離開教會。同樣地,對女性的愛也會打破種族、地域和社會階級體系的群體紐帶,並作為文明因素進而產生重要的影響。似乎可以肯定的是,同性之愛與群體紐帶更能夠相容共存,甚至是在它以不受抑制的性衝動為形式時 —— 這個事實顯而易見,對其做出闡釋可能只會偏離主題。

精神官能症的精神分析研究表明,該疾病的症狀可以追溯至直接的性衝動,這類衝動雖然被壓抑,但仍舊保持活躍。此處可以做出補充來完善這一論述:「或者是,可以追溯至目的受抑制的衝動,這種抑制並非全然成功,因而為被壓抑的性目的

返回留下餘地。」正是因為這一點，精神官能症會使其受害者不喜交際，並使受害者從一般的群體形式中脫離。可以說，精神官能症與墜入愛河一樣，對群體具備同等的瓦解效果。另外，在獲得巨大助力的群體中，精神官能症似乎可能隨之消失，至少也是暫時性地隱匿。分析師也已經在合理嘗試將精神官能症與群體形成之間的對立應用於治療層面。

一些人對宗教幻想從今日文明世界中消失，絲毫不感到遺憾，但他們也承認，只要這種幻覺仍舊強大，就會為那些被自身所束縛的個體，提供對抗精神官能症最堅固的鎧甲。不難分辨的是，所有將個體與神祕宗教或哲學宗教派別及團體連結起來的紐帶，展現的都是針對各類精神官能症的曲折治療。所有這些都連結到直接性衝動與目的受抑制的性衝動之間的差異。

倘若孤身獨處，精神官能症患者便不得不以自身的症狀來取代將其驅逐出去的群體。他創造出自己的想像世界、自己的宗教、自己的妄想體系，進而以扭曲的方式重述人性體系。這無疑是直接性衝動占據主導地位的明顯證據。[133]

五、最後，將從力比多理論的觀點出發，對我們所關注的戀愛、催眠、群體形成和精神官能症等狀態進行比較研究。

戀愛的基礎是直接性衝動和目的受抑制的性衝動並存，並且，客體將主體自戀性的自我力比多（ego-libido）吸引到自己身上。戀愛是一種只容得下自我和客體的狀態。

---

[133] 參見《圖騰與禁忌》，直至第二篇論文的末尾。

催眠在局限於兩個個體這一點上與戀愛相似，但它完全建立在目的受抑制的性衝動上，並將客體置於自我理想的位置。

群體將這一過程複雜化。在凝聚群體的本能性質和客體占據自我理想的位置方面，群體與催眠一致。不過，群體中還包含對其他個體的認同作用，也許其最初得以形成的原因，也在於成員們與客體具有相同關係。

催眠和群體形成這兩種狀態，都是繼承自人類力比多發展史的遺產——催眠呈現為天性的形式，而群體除此之外還採用直接遺存的形式。目的受抑制的性衝動取代直接性衝動，進而促成自我和自我理想的分離狀態。這種分離最初出現在戀愛狀態裡。

精神官能症處於以上體系之外。它同樣以人類力比多發展中的特性為基礎——直接性功能帶來的兩次重複性開端，還在潛伏期介入了兩者之間。[134] 就此而言，精神官能症在退行特徵上類似於催眠和群體形成，而戀愛則缺乏這種特徵。精神官能症出現在直接性本能尚未完全演變為目的受抑制的性本能之際，它代表在經歷這一演變後兩類本能之間的衝突：被自我所接納的那部分本能，以及源自被壓抑的潛意識且竭力獲得直接滿足的那部分本能（正如其他被完全壓抑的本能衝突）。精神官能症在內容上極為豐富，它囊括了自我與客體之間所有可能的關係（既可以是客體得到保留的情形，又可以是客體遭到遺棄或在自我內部建立起來的情形），以及自我和自我理想之間的衝突關係。

---

[134] 參見《性學三論》（1905d,《標準版全集》第 7 卷第 234 頁）。

自我與本我

自我與本我

前言

現在討論的內容是我曾經在《超越快樂原則》(*Beyond the Pleasure Principle,* 1920 年版) 一書中闡述的一些思想延伸。對於這些思想的態度，如同之前所言，一直是充滿仁愛，且抱持好奇心。在接下來的內容中，這些思想將與各種分析觀察例項相互連繫，並且嘗試從這種連繫中得出新的結論。但是，本書並沒有從生物學借鑑新的東西，因此它比《超越快樂原則》更加接近精神分析學。本書的內容綜合多於思辨，而且帶有宏偉目標。然而，我意識到它的內容沒有超出最開始的大綱所限，對此已很滿意。

在這本書中，有些問題不是心理分析學考慮的範疇，這將不可避免地侵犯一些非心理分析師或前心理分析師在退出分析時所提出的某些理論。我承認對這些工作者有所虧欠，但此刻並沒有將這種情感負擔壓在自己身上。如果有些心理研究者的理論被引用或被否定，而我沒有表示感激，這絕不是因為忽視他們的成就或者想否認其重要性，而是因為精神分析學所遵循的道路還不能夠對此進行評論。最後會發現，以他們的理論作為基礎，最終得以表達另一種觀點。

自我與本我

第一章

意識和無意識

　　在這一章，不會講述新的理論，並且不可避免地會重複之前講過多次的理論。

　　將心理區分為意識與無意識，是精神分析學的基本前提。為了透過精神分析了解心理狀態中的病理過程，這種區分提供了唯一的可能性。這一點在科學的框架中具有普遍性和重要性。而另一方面，精神分析不能把心理的本質和意識連繫在一起，但卻需要把意識作為心理的一種特性，這種性質可以不依賴其他特徵而存在或者喪失。

　　如果假定每一個喜歡心理學的讀者都讀這本書的話，同樣應該準備好看到我的一些讀者將會中途放棄、停止閱讀。在這裡我們遇到精神分析學的第一分析準則。對於大多數受過哲學教育的人來說，心理上的任何無意識想法都是不可思議的、荒謬的，並且透過邏輯很容易被駁倒的。我認為這是因為他們從沒研究過催眠和夢的一些現象。這些現象完全不同於病理表現。他們所了解的意識心理學，無法解釋夢與催眠的各種問題。

首先,「被意識的」(being consciousied)[135]是一個純粹的描述性術語,它基於最當下,具有某些性質的知覺。經驗表明,精神因素(比如一種想法)無法成為長時間內的常規意識。相反地,意識狀態具有非常典型的短暫性。此刻一個有意識的想法轉瞬就可能改變,儘管在某些特定條件下很容易再次產生。而在此間隔期間,人們不知道這種想法是什麼。我們可以說想法是「潛在的」,這代表著它可以隨時「成為有意識的」。反之,如果說它是「無意識的」,同樣需要對此提出正確的描述。這裡的「無意識的」等同於「潛在的,可以成為有意識的」。而哲學家無疑會反對:「不對,『無意識』這個術語在這裡不適用,只要想法處於潛在狀態,就與心理無關。」在這一點上與之進行辯論毫無意義。

　　但是我們已經透過另外一種途徑得出「無意識」這個術語或概念,即透過研究某些經驗,發現心理動力具有一部分作用。目前已經發現,強大的心理過程或觀念是存在的(這裡,一定量的或經濟的[economic]因素第一次被納入考慮),儘管它們本身並不是有意識的,但卻能在心理生活中得到普通觀念所產生的一切結果(包括那些本身能夠變成意識的觀念所產生的結

---

[135]　原文為「Bewusstsein」。在《標準版全集》第20卷第197頁、《非專業的分析學》(*The Question of Lay Analysis*, 1926年)第二章有類似提法。「Bewusstsein」是正規的德文單詞,指「意識」。用兩個單詞是為了強調其被動分詞意思——英語中「conscious」可以是主動的也可以是被動的。但是在這些討論中,它總是被用作被動的。參見佛洛伊德關於後設心理學的文章〈無意識〉(《標準版全集》第14卷第165頁)中編者按語結尾處的注釋。

第一章　意識和無意識

果)。這裡沒有必要重複以前多次解釋的細節[136]，此觀點足以說明心理分析理論為什麼斷言這些想法不能變成意識，就是因為某種力量在對抗它們，否則它們是可以變成意識的。隨後必將顯示出它們與其他被公認的精神因素之間的差距是多麼微乎其微。其中一個使這種理論無可辯駁的事實是：在精神分析的技術中，已經找到一種方法可以消除對抗力量，從而使那些想法成為意識。在此，把存在的想法避免變成意識的狀態叫做「壓抑」。在分析過程中，我們主張把實行壓抑和保持壓抑的這股力量理解為「對抗」。

如此，便從「壓抑」理論中了解到無意識概念。對我們來說，「被壓抑的東西」(the repressed) 是無意識的原型。然而，可以發現，無意識有兩種類型：一種是潛在且可能變成意識的，另一種是被壓抑而不能變成意識的。這種理解運用到心理動力學上，就會影響到專用術語和描述。那些僅僅是描述性，不是動力意義上的潛在無意識，我們稱它為「前意識」(preconscious)。我們把術語「無意識」限制在動力意義上無意識的被壓抑中，如此一來，現在就有三個術語：意識 (Cs)、前意識 (Pcs) 以及無意識 (Ucs)。它們的意義不再是純粹描述性的，比起「無意識」，「前意識」更加接近「意識」。既然稱「無意識」為心理的，就應該更加堅定地稱潛在的前意識為心理的。但是我們為什麼不與哲學家們達成一致，將前意識和無意識與意識心

---

[136] 參見《心理分析中無意識的說明》(*A Note on the Unconscious in Psycho-Analysis*, 1912 年)(《標準版全集》中第 12 卷第 262 頁和第 264 頁)。

理區別開來呢?哲學家們會提出將前意識與無意識描述成「類心理」(psychoid)的兩個種類或兩個階段,以此達到協調一致。但是隨之而來的是解釋說明時無窮無盡的困難。並且一項重要事實是,這兩種「類心理」幾乎在所有其他方面都與已被承認的心理相同。而這一事實會因為某一時期(這個時期對這些類心理或它們之中最重要的部分還一無所知)的偏見而被置於不明顯的地位。

現在可以自如地使用這三個術語——意識、前意識和無意識。只要不忘記在描述性意義上有兩種無意識,但是在動力意義上只有一種[137]就可以了。就闡述問題方面的不同目的而言,在某些情況下這種差異可能會被忽略。而在另一些情況下,這種區別又是不可或缺的。與此同時,我們或多或少已經習慣「無意識」這個模稜兩可的詞,並且運用得還不錯。在我看來,要避免這種模稜兩可是不可能的。意識與無意識之間的區別最終取決於知覺,對它必須回答「是」或「不是」,知覺行為本身並沒有告訴我們,為什麼一件事物被感知或不被感知。誰也沒有權力因為實際現象模稜兩可地表現動力因素而抱怨。[138]

[137] 對這句話的一些評論參見附錄 A。
[138] 作者注:這一點可以與我的《心理分析中無意識的說明》(1912 年)相較。同樣可以參閱有關後設心理學方面的論文〈無意識〉(1915 年發表)中第 1 章和第 2 章。在這一點上由於對無意識的批判而帶來的全新轉變值得關注。一些研究人員拒絕承認精神分析學的事實,也不願意接受無意識,他們在這種轉變中找出一個無人質疑的方法擺脫困境,那就是辨別無意識(把它看作一種現象)的各種層級強度和清晰度是可行的。就像意識具有強烈、顯著且可觸知的變化過程一樣,我們也經歷過那些難以意識到的微弱過程。心理分析希望賦予那些非常微弱的意識一個不合適的名字,即「無意識」。這一點目前還具有爭議。然而這些

然而，在精神分析的進一步研究中，已經證明這些區別並不恰當，從實踐角度來講也不夠充分。在很多方面，這一點已經相當清楚；但是關鍵性的例項如下。我們已經形成這種觀點：每個個體都有心理過程的連續組織性，稱之為他的「自我」(ego)。意識隸屬於這個自我，自我控制能動性——也就是說，將興奮排出到外在世界中。自我是管理它自身所有形成過程的心理能力。自我在晚上入睡，即使在夢中也具備對潛意識的稽查。從這種自我中產生對意識的壓抑，並透過這種壓抑把心理中某些傾向排出，不僅從意識中，也從其他效應和活動的形式中排出。在分析中，這些被排斥的傾向處於自我的對立面。因此分析的任務就是消除自我與壓抑對立的這種阻力。現

最模糊地意識的過程——「無意識的過程」也是有意識的或者「在意識中」，並且如果對這些微弱的意識給予充分重視，它們也能轉變成充分而又強烈的意識。這種情況很可能由於爭議對判斷造成影響。在此範圍內，它要麼取決於慣例，要麼取決於情感因素。在此可以做以下解釋。意識的強度以及清晰度的參考絕不具備結論性，也沒有比一些相似的陳述更有佐證價值。比如光亮有非常多的等級——從耀眼炫目的亮光到微弱暗淡的微光，而黑暗卻無法擁有具體等級和定義。又比如，活力存在很多不同程度，所以也不存在疲憊的具體定義。這樣的陳述在某種程度上有一定的意義，但是在實踐中，就絲毫沒有價值。如果有人試圖從中得出特別的結論，比如「因此，不需要點火」，或「因此，所有的生命體都是不死不滅的。」便可以看到這種敘述毫無價值。進一步來說，把「難以注意到的東西」歸入「有意識的東西」這個概念中去，很容易在思想中混淆。畢竟，對我來說一無所知的意識比無意識的心理更加荒謬。最後，試圖將難以注意到東西等同於無意識的東西，這種嘗試很明顯沒有把動力條件納入考慮。而這些動力條件在形成精神分析的觀點時發揮關鍵性作用。這種嘗試忽略了兩個事實：一個是對難以注意到的東西付諸非常大的努力和足夠的關注是非常困難的；另一個是當第一個事實實現後，之前沒有被注意到的想法並不被意識承認，它們反而常常與意識完全對立，又被意識迅速地否認。如此，從無意識中為「幾乎不被注意」或者「難以被注意」尋找一處避難所，成為先入為主觀念的衍生品。這種觀念把精神和意識的同一性看作能夠一勞永逸地解決的事情。

在在分析中發現,當我們把這種任務放在病人面前,他會陷入困境;在他的自我與意識關聯性接近被壓抑時,又消失了。然後,我們告訴他,他被一種阻力所控制,但是他對這一點毫無覺察。即使他能從自身不舒服的感覺中猜到這種阻力正在身上發揮作用,他也不知道這究竟是什麼或者如何去描述它。但是,因為這種抗拒毫無疑問從他的自我中表現出來,並且屬於自我,所以能夠發現我們處在毫無預見的境地。我們已經接觸到一些自我本身也是無意識的。這種無意識的行動非常像被壓抑,即這種自我在本身不被意識到的情況下,產生一些強大的影響,並且需要特殊處理才能形成意識。從分析實踐的觀點來講,這一發現的結果是,如果我們堅持常規的表達和嘗試,比如從意識與無意識的衝突中追溯精神官能症的根源,就會陷入無盡的費解和困難中。我們不得不用另一種對立(來自對心理結構狀態的洞察),即連貫性自我和由此分離出來的被壓抑部分之間的對立,來取代這種衝突。[139]

然而對無意識的概念,我們發現的結果非常重要。動力考察學使我們進行第一個修正;對心理結構狀態的洞察則引導我們進行第二個修正。我們意識到無意識與被壓抑的東西並不一致;所有被壓抑的東西都是無意識的,這點仍然正確;但是,不是所有無意識都受到壓抑。同樣地,自我的一部分,也可能

---

[139]　參見《超越快樂原則》(1920 年,《標準版全集》第 18 卷第 19 頁)。

第一章 意識和無意識

是無意識,毋庸置疑是無意識。[140] 這種隸屬於自我的無意識並不像前意識(Pcs)那樣是潛在的。因為如果是潛在的話,只要不成為意識(Cs)就不能受到驅動。而成為意識的過程也不會遭遇如此巨大的困難。當發現我們將會面對假定有第三種無意識(Ucs)的情況,而這種無意識遭到壓抑時,就必須承認,成為無意識的這一特徵對我們來說已經失去意義。它變成可以包含很多意思在內的一種特質,這種特質的形成無法如同我們的期望,把這種特質作為影響深遠、必然發生之結論的基礎。然而,必須提防忽視這種特徵。因為在深邃心理學的黑暗中,成為或者不能成為意識的特徵,最終都將成為我們研究路途上的燈塔。

---

[140] 這不僅在《超越快樂原則》中已表述過(部分引文),更早也在〈無意識〉(1915年,《標準版全集》第 14 卷第 192 – 193 頁)中出現過。實際上在題為《防禦機制的精神官能症》(*The Neuro-Psychoses of Defence*, 1896 年)第二篇文章開始的論述中,已經對此有所分析。

自我與本我

第二章

本我

　　病理學研究把我們的興趣完全導引到「壓抑」這個概念上。我們需要更了解「自我」這個詞，現在也知道了，在真正意義上它可以是無意識的。迄今為止，在調查研究過程中獲得的唯一指引，即是有意識和無意識之間的區分界限。而最終，我們發現這界限是如此模糊不清。

　　當前所有知識總是和意識連結在一起，甚至連無意識這種概念都要使之有意識化才能研究。這怎麼可能呢？當我們說「使某某有意識化」，到底代表著什麼？這可能發生嗎？

　　我們已經確立在這個關係中的出發點。先前曾說過，意識其實是大腦器官的表層（surface），這就是說，把它歸結為一套系統之中的一項功能，並且作為第一個與外部世界在空間上有所接觸的系統──所謂在空間上不僅僅指感官功能的層面，在這種情形下，也指解剖結構的層面。我們的研究也必須以這個表層的感知來作為突破口。

　　所有透過和不透過感官接受的知覺（稱之為感覺和感情）最初都是意識。而那些可以粗略地以思考程序的名義歸納起來的

內心過程，到底是什麼樣的呢？它們產生腦能量的替代品，並且在心理能量向行為傳遞的過程中，對器官內部的某些地方產生影響。它們是否推進到表層，致使意識由此產生呢？抑或意識反作用於它們？當某個人認真地在頭腦中產生空間或者與地形位置相關的想法時，很明顯，一個難題出現了。這兩種可能性同樣不可想像，因此一定有第三種選項。[141] 在其他章節中已經提過[142]，無意識和前意識觀念之間真正的差異是：

前者執行於某種尚未知的物質，而後者與詞表象（word-presentations）有關。這是對於釐清兩套系統——前意識與無意識——明顯標記的初次嘗試，不同於它們跟意識的關係。問題是，一個物體如何變成意識呢？這個問題或許這樣問更好：一個物體怎樣變成前意識呢？答案是：透過與該物體一致的詞表象變成前意識。

這些言語表達是記憶的殘留（residues of memories）。它們曾經一度是知覺，像所有的記憶殘留（mnemic residues）一樣，它們可以再次變成意識。在透過它們的規律更深入關注其本質之前，豁然出現一個新發現：只有當一個物體曾經是意識知覺的時候，這個物體才能轉變為有意識的，任何經由感覺產生的事物，若試圖變成意識，它必須努力把自己轉變成外部知覺，而這些改變很可能經由記憶痕跡來實現。

---

[141] 在〈無意識〉第二部分中，用了更大篇幅來討論此觀點（見《標準版全集》第 18 卷 173 － 176 頁）。

[142] 參見〈無意識〉（《標準版全集》第 18 卷第 201 頁）。

第二章 本我

　　把記憶殘留看作包含於那些毗鄰於條件刺激知覺的系統中，因此所有殘留的聚集便能夠輕易地擴展到後者系統的元素中[143]。說到這裡使人立刻聯想到幻覺，事實上最為真切的記憶既可以在幻覺中，也可以在外部知覺中明顯地辨別出來[144]；還有一種情況，就是當一段記憶復甦，貫注力仍然在記憶系統中，然而，一段與感知並無明顯差異的幻覺過程中，貫注力沒有透過記憶痕跡傳遞，而是直接跨越到感知元素上。言語殘留最主要是由聽覺感知衍生出來的[145]，這是條件刺激知覺系統擁有的特殊感測源。詞句表述中，視覺部分的作用相比之下稍弱，透過閱讀習得後，似乎眼睛離開一下子就沒有印象了。因此除去聾啞人之外，表達言語的動態影像可能只能作為輔助。故而從本質上來講，腦海裡存留下來的詞彙必定是曾聽到過的詞。

　　可是千萬別求省事，而忽略視覺記憶殘留的重要性，或者否定思考程序有可能因還原成視覺殘留而有意識化，畢竟有相當多的人慣於以這種方式思考。如瓦倫東克（Valentin Voloshinov）的觀察[146]中所示，對夢境和前意識幻想（phantasies）的研究，能讓我們對這種視覺思維（visuak thinking）的特徵留下具體印象。我們知道，能夠形成意識的只有具體的視覺思維對象，

---

[143] 參見《夢的解析》第七章（《標準版全集》，1900 年，第 5 卷第 538 頁）。
[144] 這一觀點布魯爾（Breuer）曾在理論文獻中表述，參見《歇斯底里症研究》（*Studieson Hysteria*, 1985 年標準版，第 2 卷第 188 頁）。
[145] 這一論斷是佛洛伊德在關於失語症的專著（1891 年）中，基於病理學發現所提出的。在一篇有關「無意識」的論文附錄 C 中，這一論斷以圖解的形式被再次提出（詳見《標準版全集》第 14 卷第 214 頁）。
[146] 見瓦倫東克的著作（1921 年），佛洛伊德曾為它撰寫一篇序言。

而這個對象中間各元素的關聯是更加特別的思維，它們是無法提供視覺表達的。因此，影像思維是非常不完整的意識形成模式。在某些層面上，影像思維也比語言思維更接近無意識過程，並且毫無疑問，在個體發生和譜系發生方面，它比後者產生得更早。

再回到爭論上：如果是這樣，某些東西從無意識狀態轉變成前意識，那麼如何把被壓抑的東西變成（前）意識的問題，應該提出如下回答：是經由分析工作提供前意識中間環節。意識仍留在它原來的地方；但是另一方面，無意識不可能升級成為意識。

相比於外部感知與自我之間關係的顯而易見，內部感知和自我之間的關係則需要特殊的調查研究。它使一個疑問再次浮出了水面：把整個意識歸結於單純膚淺的條件刺激感知系統，究竟是否正確？

內部感知產生對各式各樣過程的感覺，當然也包括來自思想器官最深層過程的感覺。對這些感覺和感情人們知之甚少；最好的例子莫過於那些快樂與不快樂之類的感受。它們比外部產生的感知更加原始、更為初級，並且可能在意識處於朦朧狀態的時候就出現。在其他地方我曾表述過它們可觀的經濟意義和這個經濟意義的後設心理學理由。這種感覺和外部感知一樣是多室的（multilocular），它們可能同時從不同地方湧來，並且帶有不同甚至相反的特性。

具有愉快性質的感覺沒有一點內在推動力,而不愉快的感覺卻擁有大量這種推動力。後一種推動力是趨向改變、趨向釋放的,這也就是為什麼我們把不愉快的感情解釋為精力貫注的上升,把愉快的感情解釋為精力貫注的下降。此處把在精神事件中變成意識的快樂以及不快樂感情,稱為量和質的「某物」;那麼問題就在於,到底「某物」是在它原本所在的位置就變成意識,還是一定要首先傳送到感知系統去,再發生轉變。

臨床經驗表明,情況如同後者。從中發現「某物」的行為像是被壓抑的脈衝。它能夠在自我沒有注意到這種衝動時發揮驅動力。直到出現對衝動的阻滯、對釋放反應(discharge-reaction)的牽制時,「某物」才立刻變成像不愉快那樣的意識。相同的是,身體所需的緊張可以保持無意識,所以疼痛——處於內部感知和外部感知之間的事物,也能如此,甚至當疼痛源於外部世界,它的行為卻可以像內部感知。

感覺或感受,只有透過達到感知系統才能轉變成意識,這是正確的;假如前進的道路受到阻礙,那它們就不會作為感覺出現,雖然「某物」更像它們處於興奮狀態時那樣。這時以一種扼要並且不完全正確的方式去評論「無意識感覺」,將它與並非無懈可擊的無意識觀念放在一起分析。實際上的相異點在於,無意識觀念必須在它們能被帶入到意識之前就建立起關聯鏈,由無意識感覺自身直接發送。換言之,意識和前意識在涉及感覺的時候就沒有意義了;在這裡前意識淡出,感覺要麼是有意

識的，要麼是無意識的。甚至當它們置於言語表達內，也不是因環境才變成意識，而是十分直接的轉變。[147]

言語表達發揮作用的這部分現在變得非常清晰。在它們的介入下，內部思考程序進入知覺。所有知識都有它來自外部感知的原型，這個定理得到證明。當產生超強的思考過程貫注力時，思想實際上受到感知，就像他們來自外部一樣，因而被認為是真實的。

在釐清外部感知、內部感知和意識感知表層系統三者的關係後，我們得以繼續對自我這個概念展開研究。最初，自我包含著毗鄰於記憶殘留的前意識，並源自它的核心——感知系統。但是，透過學習研究得知，自我也是無意識的。

現在我們能夠從一個作家的建議那裡獲益良多，出於私人動機，他斷言其與純科學的嚴謹毫不相干。我說的正是喬治·格羅代克（Georg Groddeck），他始終堅持，在人們生命中那個被稱作自我的東西，根本就是被動行動著。他還描述道，人們在不可知又不可控的力量推動下「活」著。[148] 我們腦海裡都有過同樣的一種印象，即使它們沒有全部排擠掉其他印象，因此我們需要毫不猶豫地為格羅代克的發現，在科學體系中找到一席之地。我建議把從感知系統出發又作為前意識開端的實體叫做「自我」，依據格羅代克的方法稱呼心理的另一部分為「本我」，

---

[147]　參見〈無意識〉第三章，1915 年（《標準版全集》第 14 卷第 177 － 178 頁）。
[148]　參見格羅代克 1923 年的著作。

統一體會延伸到這個部分中，這個部分的行為彷彿它曾是無意識的。[149]

很快就能知道，為了描寫或者理解，是否可以從這個觀點中獲得一些幫助。現在，應該將一個獨立個體看作心理學上的未知且無意識的本我，在其表層附著著自我，感知系統從其核心中發展出來。如果費點心力把這一點以圖形展現出來，可能自我並不完全包含本我，只是包住了感知系統構成的其「自我的」表層，或多或少有些像卵子依附在胚盤上一樣。自我絕不是生硬地和本我分隔而立；它的低等部分混合在本我之中。

但是被壓抑的東西也混入本我，僅作為它的一部分存在。被壓抑的東西只是因為對壓抑的抗拒而與自我嚴格地分隔開來；它能透過本我與自我相互連繫。我們立刻意識到，幾乎所有在病理學刺激下畫出的分界線，都只連繫到思考器官的表層，這是人們唯一知道的部分。我們一直描述的事物狀態可以圖形化地再現出來；不得不說所選擇的這個形式並不打算放之四海皆準，是專門作為闡釋之用的。

也許，可以為自我戴上一頂「聆聽的帽子」[150]。就和我們了解的大腦解剖那般，這帽子可以說是戴歪的。

這樣我們就非常容易看到，自我是透過條件刺激感知仲介

---

[149] 格羅代克以尼采為自己的榜樣，習慣使用這個語法術語表達我們本性中非人格的以及隸屬自然法則的東西。
[150] 德文「Horkappe」（聽覺的帽子），即「聽覺之葉」（auditorylobe）。

被外部世界直接影響的本我的一部分；某種意義上來說，它是表層分化的擴展。此外，自我尋求外部世界的影響，施加在本我以及傾向本我的東西上，而且竭力地用現實原則代替在本我中無限制占據支配地位的快樂原則。對於自我，感知扮演著於本我中接近本能的角色。自我代表著所謂的理性和常識，與包含著感情的本我形成對比。這些全部符合我們所熟知的普遍特徵；與此同時，無論如何，這僅僅可以視為良好地保持在平均水準或「理想狀態」。

自我的功能重要性展現在實際情況中，那就是對能動性的控制在常規情況下，移交給自我掌控。如此，對於自我和本我的關係，自我就像騎在馬背上的人，不得不約束馬匹強健的力量；有所不同的是，騎手倚靠自身的力量。

這些事情，自我使用的是借來的力量。這個類比還可以進一步引申。騎手只要沒有被馬甩下，便常常被迫指引馬匹到牠願意去的地方[151]；同樣，自我也習慣於把本我的意志轉變成行為，就像這是它自己的欲望一樣。

除了感知系統的影響外，還有另一個因素在自我的形成中發揮作用，它是從本我分化出來的。在所有表象之上，人的身體是一個外部感知和內部感知都可能產生的地方。它「看」起來和其他任何物體無異，但是「觸碰」的時候，它產生兩種感覺，其中一個可能等同於內部感知。心理生理學（psycho-physiolo-

---

[151] 參見《夢的解析》(《標準版全集》第 4 卷第 231 頁)。

gy）充分討論一個人自身身體在感知世界諸多物體時，獲得其獨特位置的方式。疼痛也在這個過程中發揮作用，在病痛的折磨中，我們獲得有關身體器官新知識的途徑，可能就是得到軀體觀念的典型方法。

自我首先是身體的自我（bodily ego）；它不僅僅是一個停留於表層的實體，而且自身就是表面的投影。[152] 假若期望在解剖學上為它找到類比，最好把它等同於解剖學家的「皮質矮人」（cortical homunculus），倒立在皮層上面，腳後跟朝上舉著，臉朝後轉，並且如我們所知，它的語言區域在左邊。

自我和意識的關係已經被反覆深入討論過；但在這一方面，我們還需要闡述一些重要因素。不管我們走到哪，都習慣使用自己的社會倫理價值標準，但是，當聽到較低階感情活動的場域是在無意識中，也不會感到驚訝；此外我們希望的是，任何在我們的價值標準下等級越高的思想功能，越容易找到進階成意識的途徑，從而得到保證。在一方面，有證據表明本來需要緊張反射且精細而困難的智力操作，一樣可以在不進入意識的狀況下達到前意識。這一點具有毋庸置疑的例證，譬如，它們可能發生在睡眠狀態下，當某人醒來後迅速發現，他明白了一道複雜的數學問題，或者在白天絞盡腦汁一無所獲的問題，一覺起來之後便想到解法。[153]

---

[152] 即自我最終源自於身體的感覺，主要來自身體表層傳遞的感覺，可以把自我看作身體表面的心理投影，另外，如在前面看到的，它代表心理結構的表層。
[153] 作者注：這是我最近聽說的一個實例，其實，對於我的「夢工作」描述來說，提

還存在著另外一種更為奇怪的現象。透過分析可以發現，有一些人的自我批判和良心官能（這是極高等級的心智活動）是無意識的，且無意識中對最重要的部分產生影響；在分析中，抗拒屬於無意識的例子，因此這並不是獨一無二的。但是這一新發現，儘管在我們良好的評判下，仍被迫談及「無意識的罪惡感」[154]，這遠比其他發現更令人不知所措，而且帶來一些全新的問題，尤其是當我們漸漸看到在大量精神官能症病例中，這一類無意識罪惡感具有決定性的經濟作用，並且在復原的道路上形成最強而有力的障礙。如果再次回到我們的價值標準上，將不得不認為在自我中從最低等到最高等，都可以成為無意識的。就像剛剛得到實證中的意識自我那般：自我，首先是身體的自我。

出它反而是一個反例（參見《夢的解析》，《標準版全集》第 4 卷第 64 頁及第 5 卷第 564 頁）。

[154] 參見〈預防性精神官能症〉和〈強迫行為和宗教實踐〉(《標準版全集》第 9 卷第 123 頁)。

第三章

超我

　　如果自我僅僅是由感知系統影響而改變的本我的一部分，即外部世界反映在思想中的代表，就該對此進行簡單的論述。但它實際上卻很複雜。

　　我們認為自我具有等級。在自我本身的不同級別中，我們稱其中一個等級為「自我理想」或者「超我」。這種認同曾在別處敘述過[155]。現在仍舊適用。自我的這一部分與意識連繫不太緊密。這一研究非常新穎，需要為大家做出進一步的解釋。

　　討論這一點，必須將範圍擴大一點。我們假定（在那些受憂鬱症折磨的人中）一個喪失對象的精神聚集在自我中被重新建立起來，即以身分認同取代對象關注[156]。透過這種方式成功地解釋憂鬱症患者的痛苦。但那時我們沒有正確評斷整個過程的全部意義，也不知道這是多麼普遍和典型。自那以後，開始了解這種代替在影響自我形成中發揮的重大作用，並且在建立被稱作自我的「性格（character）」中做出必要的貢獻。

---

[155] 參見《論自戀》(*On Narcissism*, 1914 年) 和《群眾心理學和自我分析》(*Group Psychology and the Analysis of the Ego*, 1921 年)。
[156] 參見《哀悼與憂鬱》(1917 年，《標準版全集》第 14 卷第 249 頁)。

最初，在個人的原始性口腔期，向對象貫注精力和身分認同毫無疑問是難以區分彼此的[157]。我們只能假設向對象貫注的精力源自本我。本我在需要時產生性慾。而開始時處在還比較微弱狀態的自我，漸漸開始意識到對象並向其貫注精力。自我或許預設需透過壓抑的過程擋住它們。當一個人不得不放棄性對象時，自我經常會發生變化。這個變化只能被描述成在自我中建立一個對象，就像在憂鬱症中所發生的一樣；我們對於這個代替的確切本質還不清楚。這可能是一種向口腔期機制回歸的內射作用。這種自我使對象更容易被拋棄，或者使這種過程可能出現。也可能身分認同是自我可以放棄對象的唯一條件。至少這個過程，特別是在發展的早期階段，是經常發生的。這使得能夠假設自我的性格是放棄向對象貫注精力的產物，並包含選擇這些對象的過往。當然，從一開始就不得不承認，阻力有大小不一的情況，這表示一個人是拒絕還是接受他的性慾對象受過往影響的程度。在有過很多戀愛經歷的女人中，找出她們性格特點中的精力貫注對象，是很容易的。我們必須找出向對象貫注精力和身分認同同時發生的例子。這些例子中，當放棄向對象貫注精力時，性格也發生改變。在這種情況下，性格改變已經能夠使與對象的關係存續下來，並在某種程度上保留與對象的關係。

從另一方面來說，性慾對象選擇的轉換變成自我的改變也

---

[157] 參見《群眾心理學》第七章（1921 年，《標準版全集》第 18 卷第 105 頁）。

第三章　超我

是一種方式，這種方式可以使自我對本我進行控制，並加深它們之間的關係。確實，這在相當程度上是以默許本我的經驗為代價。當自我呈現出對象的特點時，可以這樣認為，它是把自我作為愛的對象強加於本我之上，並且透過這樣的說法，試圖彌補本我的損失：瞧！你也能愛我，我多麼地像那個對象。

這種對象力比多（object-libido）到自戀力比多的轉變，是放棄性慾對象的明顯暗示，一種去性作用，因此屬於一種昇華。事實上，問題也隨之產生，並且值得認真思考：這是否為通往昇華的常規之路？是否所有的昇華透過自我的調節都可產生？這種昇華由性的對象力比多轉變成自戀的力比多起始，之後可能會變為另一個目的。之後也必須思考其他本能的變化是否由此變化所引起。比如，是否本來融合在一起的各種本能透過這種變化而分離。

雖然這是題外話，但是我們不可避免集中注意力到自我的對象身分認同上。如果它們占據上風，變得數量龐大而強而有力，以致彼此不相容，那麼就離病理上的結果不遠了。由於不同的辨識之間被阻力切斷而帶來對自我的破壞；也許被稱為「多重性格」之病例的祕密，就在於不同的身分認同輪流占領了意識。甚至當情況不那麼嚴重時，在不同身分認同之間的矛盾依然存在，而使自我分離出來。但這種矛盾畢竟不能描述成完全病理性。

但是，無論性格的能力，對抗被放棄對象精力貫注的影響

201

結果是什麼，在最早的童年時期產生的第一身分認同影響是普遍且長久的。這個使我們回歸到自我理想的起源；因為在它後面隱藏著個體第一個並且相當重要的身分認同，即在他的過往中與他父親的身分認同。首先，這看似不是對象精力貫注的成果；它是一種直覺的身分認同，比任何自我精力貫注更早產生，但是性慾對象選擇屬於第一性階段，與父母有關。這種選擇看似正常，在這種身分認同中找到成果，然後強加到最早的身分認同中。

然而，整個學術主題太過複雜以至於必須詳細述說。問題的癥結有二：伊底帕斯情結的三邊性格和每個個體本質上的雙性傾向。

在問題的簡化形式中，一個男孩的情況可以做如下描述。在他還是個小嬰兒的時候，他對自己的母親產生對象精力貫注。這最早與母親的乳房有關，並在依戀模型中是性慾對象選擇的原型。男孩透過認同他自己而認同他的父親。有段時間男孩與母親和父親這兩種關係並存。直到男孩對母親的性慾望變得強烈，並認為父親對他與母親的這種感情造成阻礙，這種雙向關係發展成對立關係；從此，伊底帕斯情結產生。他對父親的認同開始帶有敵對色彩，產生取代父親在父母關係中的地位的想法。此後，他與父親的關係變得對立；看起來這種對立關係從最開始就已經表現出來。對父親的對立心態和對母親的依賴專情，在男孩身上構成簡單的伊底帕斯情結。

隨著伊底帕斯情結的毀壞，男孩必須放棄對母親的精力貫注。這個位置可能被以下二者之一取代：對母親的身分認同或者對父親的身分認同增強。我們通常認為後者更為普遍；它允許對母親的感情在一定限度內保留下來。這樣，伊底帕斯情結的分解就會加強男孩的男子氣慨。與此完全相同，一個女孩因伊底帕斯情結而產生的後果，可能是她對母親的身分認同加強（或者是第一時間建立這種身分認同）——這樣的結果就是加強女孩的女性性格。

這些自我認知不是我們本來期望的，因為他們沒有把被拋棄的對象放入自我中；但是從這個另類結果仍然可以發生，並且女孩比男孩更容易觀察到。分析通常顯示，當女孩放棄將父親作為愛的對象時，將使她加強男子氣慨並且認同她自己為父親（即認同已經失去的對象），來代替認同母親。這將很明顯地取決於她性情中的男子氣慨——無論存在於什麼之中——是否足夠強烈。

因此在兩性中，顯然男性和女性的性傾向相對力量，決定伊底帕斯情結的結果是與父親的身分認同還是與母親的身分認同。這是雙性傾向在隨後影響到伊底帕斯情結的變換方式。另一種方式更加重要，因為一個人對簡單的伊底帕斯情結的印象絕不是最普通的形式，而是簡單化和圖示化。確實，這一點在實踐中常常被證明。進一步的研究通常能揭示更加完整的伊底帕斯情結。這種情結由於最初在兒童時期呈現出雙性傾向而具

有雙面性：肯定性和否定性。也就是說，一個男孩對父親有對立的心理，對母親有選擇依戀對象的感情。但與此同時，他的行為又像一個女孩，表現出對他父親的女性感情以及對母親的嫉妒和敵意。這就是雙性傾向帶來的複雜因素。它使早期的對象選擇和身分認同要得到清楚的事實觀點變得困難重重，要清楚地描述它們也更加困難。甚至可能在與父母的關係中顯示出來的對立，都要歸因於雙性傾向。但如前述表述的那樣，這並不是由作為競爭結果的身分認同發展出來的。

我認為，假定具有完整的伊底帕斯情節，一般來說是合理的，特別是在與精神官能症有關的情況。之後分析的經驗顯示，除了一些很難區別的軌跡，或各式各樣的組成成分消失，多數案例中，結果就一邊是正常的、肯定性的伊底帕斯情結，另一邊是非正常的、否定性的伊底帕斯情結。它們中間的部分與這兩邊中的強勢一方展現出完整的伊底帕斯情結。在這種情結分解時，它所包含的四種趨向將以產生父親身分認同或母親身分認同這種方式聚集起來。父親身分認同將保護屬於肯定情結的對母親的對象關係，並於此同時取代屬於否定情結的對父親的對象關係。同理，母親身分認同亦然。每個個體中兩種身分認同的相對強度，將會反映出自身哪個性傾向較強。

所以，被伊底帕斯情結控制的性階段，十分普遍的結果可以視為自我沉澱的形成，它包含某些方面互相結合的兩種認知。這種自我的改變保留著其特殊地位；它面對著作為自我理

第三章 超我

想或者超我的自我其他內涵。

然而,超我不單純是本我最早期性慾對象選擇的遺留;它也代表著形成反對這些選擇的正向心理反應。超我與自我的關係不僅僅像如下格言所述:「你應該像這樣(像你父親)。」還應包含如下禁令:「你不可以像這樣(像你父親)。」這是指,你不必做所有他曾做過的一切;有一些事情是他的特權。自我的這種雙面性源自於自我理想有壓抑伊底帕斯情結的任務;實際上,正是因為有這種情況,才導致革命性的事件。壓抑伊底帕斯情結顯然不是一件容易的工作。對於實現中一個孩子的伊底帕斯情結來說,他的父母,尤其是父親,被視為障礙。所以嬰兒時期的自我為實現這種壓抑,透過建立起同樣的障礙而加強了這種自我。所以可以說,他從父親那裡借來力量這樣做。這個「借」是非常重要的行為。超我保留著父親的性格。伊底帕斯情結的力量越大,就越快向壓抑屈服(在權威、宗教教育、學校教育和閱讀的影響下)。接著,以道德的形式或者無意識罪惡感的形式,超我支配自我的情況將會更加嚴格。馬上將會提出一個關於用這種方式支配自我力量來源的觀點。即這種帶有強制性的來源以無條件命令的形式表明自己的存在。

如果再次思考如前所述的超我起源,我們將意識到,它是兩個重要因素的結果:生物本性和歷史本性。即一個人童年時期無助與依賴的漫長過程,其伊底帕斯情結的事實以及壓抑,已經充分闡述,壓抑與潛伏階段的力比多發展的阻礙和人的性

生活雙相性有關,根據一個精神分析假設,最後被提到的現象,貌似對人類而言很特殊,它是冰河時期文化發展的一個遺產。我們看到,超我從自我中分化出來並非偶然。它代表個體與物種發展最重要的特性;事實上,透過把父母的影響看作永恆的傳遞,超我的起源因素也成為永久的存在。

精神分析學多次被指責忽視了人類的高等、道德和超越個人方面。這種指責無論在歷史上,還是方法論上,都並不公正。首先,我們從一開始就把壓抑的產生歸於自我中的道德和美的傾向。其次,這種指責帶有偏見,認為精神分析研究無法像哲學系統那樣產生一套完整的、現成的理論結構。而是透過沿著對正常與非正常現象的剖析,來理解複雜心理的道路,逐步找到自己的方式。只要我們關心心理生活中被壓抑之物的研究,就不必擔心找不到人類更高等的面向。現在既然已經開始對自我進行分析,就能夠向那些以道德感受攻擊和抱怨人類必然有個更高等本性的人,提出我們的答案:非常正確,在自我理想和超我中,有更高等的本性。那是我們與父母的共性。當人們還是小孩子時,就知道這種高等型,人們羨慕也害怕他們。但是終會將他們占為己有。

因此,自我理想是伊底帕斯情結的繼承,也是最有力的衝動和本我中最重要的原慾變化。透過建立這種自我理想,自我控制住伊底帕斯情結,同時還使自己掌控對本我的統治權。自我基本上是外在世界的代表、現實的代表。超我反之,是內在

第三章　超我

世界的代表、本我的代表。正如即將看到的，自我和自我理想間的衝突，最終將反應為真實與心理、外在世界與內在世界的對比。

透過自我理想的形成，生物學以及人類種群變遷在本我中所建立起來的、並且遺留在本我中的東西由自我接管，並在與自身的關係中作為個體被重複體驗。由於自我理想形成的方式，它與每個個體的演化發展都具有巨大的關係——這就是過往遺留。透過自我理想的形成，屬於每一個人的心理生活中最低階的部分因為價值標準被改變為人類思想中最高等的部分。但是，試圖去定位自我理想將是徒勞的，即使已經定位了自我的意義。或者利用描繪自我與本我之間關係的方法來類比，也是徒勞。

表明自我理想符合所期望的人類更高等本性是簡單的。作為渴求成為父親的代替品，自我理想包含所有宗教發展的嫩芽。當宣稱自我無法達到理想的自我評判時，信徒對於他的渴求產生出宗教的謙卑感。當一個孩子長大成人，父親的角色由他的老師和其他權威人士繼續擔任下去。他們的禁令和禁律在自我理想中仍然強大並且繼續發展，形成良心，履行道德稽查。體驗良心的需求和自我的實際表現之間的緊張狀態，形成一種罪惡感。以同樣的自我理想為基礎，社會感情仰賴於與他人的身分辨識而建立起來。

宗教、道德和社會意識——人類之所以更高等的主要因

素——最初是同一件事。根據我在《圖騰與禁忌》中所提出的假說，它們是從父親情結中以譜系演變的方式獲得的：宗教和道德約束透過控制伊底帕斯情結的過程而獲得；社會意識透過克服存在於年輕一代成員中的競爭需求而產生並保留下來。在所有道德獲得中，男性似乎占據主導地位。之後透過交叉傳遞給予女性。甚至在今天，社會意識作為上層存在，因兄弟姐妹間的嫉妒競爭在每個個體中產生。因為敵意得不到滿足，身分認同伴隨著之前的競爭而發展。對同性戀的大致研究也證明了這個假設：身分認同是感情對象選擇的替代品，它取代了侵略和敵意的態度。

然而談到譜系演變，一些新的問題又隨之產生，人們試圖謹慎地迴避這些問題。但是這毫無益處。人們必須做出嘗試——儘管對我們不充分的努力這一事實感到懼怕。問題是：在早期時代，是原始人的自我，還是本我從父親情結中獲得了宗教和道德？如果是自我，為什麼不簡單地說這些都遺傳於自我？如果是本我，那宗教與道德又怎樣與本我的特徵相一致的呢？或者是我們錯誤地把自我、超我和本我間的分化上溯到這麼早的時代？又或者我們不該坦率地承認自我過程的概念，對理解譜系演變毫無幫助，一點都不適用？

首先，來回答最容易回答的問題吧。自我和本我的分化不僅歸因於原始人，甚至也可歸因於更簡單的生物體，因為這是外在世界影響下不可避免的表現。根據我們的假設，超我實際

第三章　超我

上起源於一種經歷，這種經歷促使圖騰制度出現。所以究竟是自我還是本我經歷並獲得譜系演變，這個問題已經不存在了。這種思考立即表明沒有外在的變化可以被本我所經歷和獲得，除非是以自我的方式，對本我來說，那是外在世界的代表。然而卻不能說在自我中這是直接的繼承。在這裡，真實個體和譜系概念之間的鴻溝變得越來越明顯。此外，人們無法把自我和本我之間的區別放在必須遵守的意識中看待，也不能忘記自我是從本我中特殊分化出來的。自我的經驗一開始不會繼承遺傳。但是當它在連續幾代人中透過於許多個體裡頻繁、重複出現而擁有足夠的力量時，就變成本我的經驗。

這個本我由於遺傳性而保留下來。因此在本我中，那些能被遺傳的是存在於無數自我中而傳承下來的。當自我脫離本我形成超我時，本我只能恢復之前的自我並且使這些自我復活。

超我出現的方式，解釋了自我和本我向對象貫注精力的早期對立如何繼續存在於它們的繼承者——超我中。如果自我沒有在適當掌控伊底帕斯情結中獲得成功，從本我中湧出強而有力的精力貫注，將會再次在自我理想的心理反應形成中發揮作用。自我理想和那些無意識本能衝動間的大量互動，解決了自我理想如何最大限度地保留無意識和難以達到自我這個難題。曾經在思想最深處激烈進行的對抗，還沒被快速地昇華和分化，現在則在更高處繼續前行，就像考爾巴赫（Kaulbach）的油畫〈匈奴之戰〉（*The Battle of the Huns*）一樣。

自我與本我

第四章

生死本能

　　前文已經說過，我們把心理分為本我、自我和超我。如果這種區分代表人們認知中的某種進展，這會讓我們更加徹底地了解，更清楚地描繪心理間的動力關係。我們也已經得出了結論，自我是在感知基礎上產生的。廣泛地說，就如本能之於本我一樣，可以說感知之於自我有同樣的意義。與此同時，和本能一樣，自我受本能的影響。如我們所知，自我僅僅是本我被改變的一部分。

　　最近，我完善了本能的觀點。在此，將繼續堅持這個觀點，並把它當作進一步討論的基礎。根據這個觀點，必須把本能區分成兩種：一種是性本能或者愛本能。這是目前為止比較明顯且容易研究的。它不僅包含不受約束的性本能和目的受抑制的本能衝動，或者源自性本能而帶有昇華性質的衝動，也包含自我保護本能。自我保護本能一定屬於自我，在分析工作初始，我們就有很好的理由把它與性對象本能相互對比。第二種本能不太容易描述，最後把施虐狂視為它的代表。在理論思考基礎和生物學支持下，我們提出死的本能的假說。這種假說的研究

把有機生命帶回到無生命狀態。另外,透過有生命的物質分解,產生越來越多微粒的再結合,我們假設愛的本能目的在於重現複雜的生命。當然,同時也是保護這些複雜的生命。以這種方式實踐,從詞彙最嚴格的意義上來講,兩種本能都是保守的。因為這兩種本能都試圖重建由於生命的出現而被妨礙的事物狀態。生命的出現就這樣成為生命繼續的原因以及趨向死亡的原因。而生命本身將會成為這兩種趨向間的衝突和妥協。而生命起源將仍是一個宇宙論的問題。而對生命的目的和目標的回答將具有雙重性。

從這個觀點來看,一個特殊的生理過程(合成代謝或分解代謝)與兩種本能都有關。兩種本能以不相等的比例活躍於生命體的每個粒子中。如此使某一個生命體主要呈現出愛的本能。

而這個假說無法解釋兩種本能溶解、相互混合,再合為一體的方式。但這是有規律且非常廣泛地發生,這個假說對於我們的概念來說,是不可或缺的設想。作為單細胞有機體結合成為生命的多細胞形式,很明顯,單細胞死的本能都可以成功被中和,破壞性的衝動透過特殊組織結構被轉移到外在世界,這個特殊組織結構像是強健的肌肉組織。死的本能作為直接對抗外部世界和其他組織的破壞本能傳遞,儘管可能只傳遞部分。

「解脫」融合的可能性就會出現。性本能施虐的成分會成為有效本能融合的典型範例。而作為性變態的獨立施虐者,將會是「解脫」融合的典型範例,雖然沒有一個施虐狂達到極致。從

第四章 生死本能

這一點來看，便可獲得大部分事實，這些事實之前從沒被如此考量過。我們發覺，以發洩為目的，破壞的本能被習慣性地帶入，並為愛的本能服務。癲癇的發作推測是本能消除的產物和跡象。之後我們開始理解本能的消除和死的本能，明顯出現在一些嚴重的精神官能症後果中，比如強迫性精神官能症，這種情況需要特殊考慮。

匆匆地進行概況下，可以推測力比多（比如從性器官階段到施虐-肛門期）退行的本質，存在於本能的消退中。相反地，就像從較早期到可以明確理解性器官階段，將受到性慾成分增加所影響。問題又來了。普通的矛盾心理經常性地在精神官能症最本質的性格中強大起來。這種矛盾心理是否不應該看作本能消除的產物？然而，這種矛盾心理又是一種基本的現象，它更可能代表還沒完成的本能結合。

假設本已存在的自我、超我和本我，其一為一方，兩種本能為另一方，很自然地，我們應該把興趣轉換到調查在這兩方之間，是否具有天然連繫。更進一步來說，主導心理過程的快樂原則是否可以顯示出兩種本能和在心理上已經劃出的這些不同區分之間，是否有任何恆定不變的連繫。但是在討論這個論點之前，必須消除掉對陳述這個問題時，所產生的相關術語疑慮。對於快樂原則，應該毋庸置疑。自我中的區別有很好的臨床證明。但是兩種本能的區別似乎沒有被充分確證。臨床分析中發現的一些事實，很有可能會消除它的假象。

似乎有這種情況存在：對於兩種本能間的對抗，可以列舉愛和恨這兩種對立關係。找出一個愛本能的例子並不難，但是我們必須慶幸在破壞本能中能夠找出死亡本能的例子——就是恨。現在，臨床觀察顯示，不僅僅恨按照意外的規律性伴隨著愛（矛盾心理），也不僅僅在人類關係中恨是愛的先驅，而且在很多情況中，愛與恨互換。如果這種轉換不單純是在時間上的繼承，即它們中的一個真正轉換成另一個，那麼很清楚，這種轉換會從如愛的本能和死亡本能之間的基本區隔中消失。事先假定的生理過程會朝著相反方向發展。

現在，在一種情況中一個人對另一個人先愛後恨（或者相反情況），是因為那個人給予他這樣做的理由，這種情況顯然與我們的問題沒有關係。而另一種情況是，還不明確的愛的感覺是以敵意和進攻趨向起始的。因為這可能是對象精力貫注中破壞性成分占據主導地位，而不久後性愛成分開始加入。但是我們知道精神官能症心理學的幾個例子中，這種轉換確實發生的假設貌似更有理。在迫害妄想症中，病人用一種特殊方式阻擋了對某一特別之人的極度強烈同性戀依賴。結果是他愛的這個人成為一個被害者，病人對他常常採取危險的進攻。這裡需要插入前期階段，一個把愛變成恨的階段。就同性戀起源和非性慾社會意識起源來說，分析性調查直到最近才表明，要意識到劇烈對抗是存在的，這將導致進攻傾向。只有當這種對抗被克服後，以前所恨的對象才能成為所愛的對象，並且向他產生身分

第四章　生死本能

認同。問題再度出現：在這些情況中，是否假設有從恨到愛的直接轉化？很明顯，這些變化純粹在內部進行，在對象行為中的改變，對於這些變化無法發揮影響。

然而還有另一種可能機制，這種機制是透過對妄想症患者變化過程的分析調查中得知。矛盾心理的態度從一開始就存在。透過精力貫注反應置換形成轉換，精神能量從性慾衝動中被撤走而加到敵對衝動中。

當導致同性戀的敵對對抗被克服，不太一樣但是又充滿想像的事情發生了。敵對態度沒有被滿足的希望；結果就是，因為經濟的原因，它被更有滿足希望的愛的態度所代替──即發洩的可能性。所以我們發現，不能在這些情況中假設恨到愛的直接轉換。這種轉化因為兩種本能間的性質不同而不能相容。

然而，透過介紹由愛到恨的這種轉化機制，我們意識到，其實已經默默地提出另一種設想，這種假說值得清楚闡述。我們認為在心中（不管是在自我中還是本我中）存在著可以置換的能量。這種能量本身是中性的，它能加在性質有區別的性慾衝動或者破壞衝動上，以此增加整個精力貫注。如果沒有這個能量置換的假設，就不可能有所進展。而唯一的問題是這個假設從哪裡來、屬於誰、代表著什麼？

本能衝動的性質以及經過各種變化繼續存在的問題，仍然無法清楚梳理，至今才剛開始研究。在特別易於觀察的有性成分本能中，有可能發現正在討論的範疇中的幾個過程。例如，

發現不同程度的交往存在於不同程度的本能中，一個來自特殊性慾來源的本能，可以透過強化另一種來源的成分本能而受到加強。一個本能的滿足可以取代另一個本能的滿足。更多相同的事實是，我們必須勇於提出某種假設。

此外，在目前的討論中，只提出了一種假設，暫時沒有證據可提供。這個可以替代的能量，毫無疑問活躍於自我和本我中，它從力比多的自戀保存中發展出來，即無性的愛的本能。這一觀點看起來似乎很有道理。（愛的本能看起來比破壞本能更具可塑性、更容易被轉移和代替。）從這一點出發，很容易繼續假設這個可代替的性慾本能被用來為快樂原則消除障礙、促使發洩。在這種連繫中，很容易觀察到對發洩發生途徑的不重視，只要它以某種方式發生。我們知道這個特性，它是在本我中精力貫注過程的特性。在性慾精力貫注中，可以發現這個特性表現出對對象的特別無視。在分析中，轉換的出現特別明顯。它自然而然地發展著，不管它們的對象是誰。不久之前，蘭克（Rank, 1913 年）釋出了一些有關這方面的優良事例。在這些例子中，報復性的精神官能行為可能指錯對象。這種屬於無意識的行為，使我想起三個鄉村裁縫的戲劇性故事。由於村裡唯一一個鐵匠犯了死罪，三個裁縫之一必須被吊死。即使沒有犯罪，也要接受懲罰。在夢的研究中，首次碰到在置換中由原始心理過程帶來的這種鬆散現象。在這種情況中，對象被降級到第二重要的位置，就如跟我們正在討論的情況一樣，這是發洩的一些途徑。

第四章　生死本能

自我的特性在選擇對象和發洩途徑時更加特殊。

如果這種可替換的能量就是非性慾的力比多，它也可以被描述為昇華的能量。因為它將繼續保留愛的本能作為主要目的（聯合和融合的目的），幫助建立聯合的趨勢。這是自我的特殊性質。從更廣義的層面上來講，如果心理過程被包含在這些可置換的能量間，那麼思想也從性驅動力的昇華中得到補充。

這裡又一次得出已經討論過的可能性，即昇華作用會透過自我調節而有規律地發生。我們想起另一種情況，即由於自我接管了從第一個本我的對象精力貫注中的性慾本能，並把它融合到透過身分認同而產生的自我改變中，這樣自我就處理了第一個本我的對象精力貫注（當然也以同樣的方式處理之後的）。（性的力比多）向自我力比多的轉換當然也包含放棄性目標，即無性化的過程。在任何情況下，於自我與愛的本能關係中，這一點都使自我的重要功能顯示出來。自我透過從對象精力貫注中抓住力比多，並把它樹立為唯一的所愛對象，再對本我的力比多進行無性化或者昇華，這樣自我就開始致力於以反對愛本能的目的運作，並為反本能的衝動而服務。不得不預設一些其他的本我對象精力貫注。可以這樣說，這種過程必須融入到它們之中。後面將回到自我這種活動的另一個可能後果上。這個觀點好像暗中揭示出自戀理論的重要補充。在最一開始，所有力比多都累積在本我中。此時自我還在形成的過程中或者還很微弱。本我發出部分力比多到性的對象精力貫注中。此時，自我

開始變得強大起來,並試圖抓住這個對象力比多,強迫它加到本我之上作為愛的對象。如此一來,自我的自戀變成第二個自戀,從對象中抽離出來。

當我們能夠追溯衝動本能的時候,不止一次發現,它們作為愛本能的衍生物被呈現出來。如果不是因為在《超越快樂原則》中提出的幾點考量,和最終依附於愛本能的施虐成分,很難堅守我們的基本二元觀點。但是因為不能逃避這個觀點,故只能下結論說死亡本能的本性是無聲的,生命的喧譁大部分來自愛的本能。

還有來自反對愛本能的對抗!很難懷疑快樂原則作為一個指標在反對力比多的對抗中服務於本我——這個力比多把干擾帶到生命的程序中。如果費希納(Fechner)的常性原則控制著生命這一觀點正確,是由對死亡的不斷傾斜組成,那麼常性原則就是愛本能的要求、性本能的要求。這在本能需求中阻止了水準下降,引進新的力量。本我,在以快樂原則為指標的基礎上(即以痛苦的直覺為指標)以不同方式阻止這些力量。它這樣做首先是為了盡可能快速地順從未接觸性慾的力比多需求——努力滿足直接的性趨勢。但它是在更全面、與滿足的特殊形式有關的方式中這樣做的。這個滿足的特殊形式透過性物質的發洩匯聚所有成分。可以這樣說,這個性物質是性張力的媒介。在性行為中,性物質的射出,在某種意義上相當於人體細胞與種質的分離。這說明隨著完全性滿足而來的相似狀態是走向死

亡。也說明死亡與一些低階動物間的交配行為一致。這些生物在繁殖行為中死亡,因為在愛的本能透過性滿足的過程而被排除後,死的本能為了達到它的目的就可以為所欲為了。最後,正如我們所見,自我透過為自己昇華力比多並以此為目的,協助本我控制著張力。

自我與本我

第五章

依賴關係

就我們所探討內容的複雜程度來說，這本書中沒有一個章節的標題與它的內容特別相符。如果轉向主題的其他方面，不得不經常回到那些已經涉及過的問題。

前文已經重複提到，自我在相當程度上由取代被本我拋棄的精力貫注對象的身分認同所形成；並且最早的身分認同總是表現得像自我中的一個特殊結構，但又脫離自我形成超我。當最早的身分認同慢慢變得更強大後，自我就變得對這種身分認同的影響更有抵抗力。超我把它在自我中的地位，或與自我的關係歸於必須從兩方面考慮的因素：一方面，超我是第一身分認同，以及當自我還很微弱的時候而產生的身分認同；另一方面，超我是伊底帕斯情結的繼承者，以及因此引入自我中的最重要物質。超我與自我改變之後的關係，大體類似於兒童時期最初的性階段與青春期之後的性生活的關係。儘管後來所有影響都對它的成形有所作用，但是透過由父親情結衍生出來的性格而保護下來。準確地說就是，脫離自我的能力以及掌握它的能力。超我是早期自我萌芽的一個紀念並且獨立於自我。成熟

的自我保有它的控制力。當一個小孩處於反對父母的強烈欲望中時，自我便服從於超我的絕對命令。

但是，來自本我的第一對象精力貫注，以及伊底帕斯情結所衍生出的超我衍生物，對超我來說意義更加顯著。這個衍生物，正如前文說明的那樣，使超我與本我的譜系產生的獲得物發生關係，並使之前在本我中沉澱下來的自我結構再生。這樣超我總是很接近本我，並能夠作為本我的代表對自我進行行動。由於超我深入本我之中，因此比自我離意識更遠。

透過研究某些臨床病例，將能夠妥善地理解這些關係。雖然這些病例已經不再那麼新鮮，但是還需要對它們進行理論上的探討。

在分析過程中，某些人的行為方式表現得十分怪異。當有人滿懷希望地對他們講話或者表達對他們的治療程序感到滿意時，他們卻流露出不滿的情緒，表述其情況總是向壞的方向發展的跡象。有人開始把這種情況視為挑釁，看作他們證明自己比醫生優越的企圖，但是後來人們採納一個更深入、更公平的觀點。人們開始認為，這些人不僅不能忍受讚揚和欣賞，還會對治療的進展做出相反的反應。每一個部分應該產生的並且在其他人中已經產生的結果，在症狀有好轉或者暫停的情況下，在他們身上卻有一段時間導致病情惡化。其病情在治療中惡化，而不是有所好轉，即表現出所謂的「負性治療反應」。

不容懷疑的是這些人身上存在某種東西，與他們的康復作

第五章　依賴關係

對。並且害怕康復到來，當接近康復時，被認為是一種危險。我們習慣這樣表述，他們對疾病的需求比對康復的渴求更加迫切。如果按照慣常方式來分析這種抵抗——那麼，甚至在容忍他對醫生持挑釁態度和從病情中有所收穫的種種形式以後，大部分抵抗仍然存在。並且在所有康復的阻礙中，它是最難對付的，比相似的自戀型不易接近（narcissistic inaccessibility）更為強大。它對醫療人員表現出反感的態度，寄希望於從病情中得到好處。

最終，我們發現正在論述的東西，可以被稱作一種「道德」因素，一種罪惡感，它可以在病情中找到滿足感並且拒絕擺脫痛苦的懲罰。這種令人難受的解釋終將是正確的。但是僅僅就有關的病人而言，這種罪惡感是沉默的；它不會告訴他這樣有罪，他不覺得有罪，只覺得自己病了。這種罪惡感表現為對恢復健康的抗拒。要克服這種抗拒十分困難。向病人解釋清楚這種動機一直潛藏於其病情之後也是一件極其困難的事情。他頑固地堅持看起來更加明顯的解釋：分析治療不適合他的情況。

我們總結的描述適用於這種事態的最極端案例。但是在許多病例中這個因素只占很小的比重，在所有相對嚴重的精神官能症病例中大概也是如此。事實上，在這種情況中恰恰可能是這個要素，即自我想像的態度，決定精神官能症的嚴重程度。因此，應該毫不猶豫地，針對罪惡感在不同條件下的表現方式，進行全面充分的討論。

對普通有意識的罪惡感（良心）做出解釋並不難。它建立在自我和想像中自我之間的張力上，是由自我的批評機制進行譴責的表現。在精神官能症中廣泛觀察到的自卑感，大概與這種罪惡感差距不大。在這兩種非常熟悉的疾病中，罪惡感的意識特別強烈；在它們中間，自我理想表現得特別尖銳，經常以殘酷的方式侵犯自我。在強迫性精神官能症和憂鬱症的情況下，自我理想的態度除了表現出這個共同點以外，還呈現很明顯的區別。

在強迫性精神官能症的某種形式中，罪惡感過於嘈雜，但又不能在自我面前為自己辯護。最終病人的自我背叛了罪惡的責難，並尋求醫生的協助，以拒絕這種責難。任憑自我無視這種對罪惡是愚蠢的行為，因為這樣做毫無效果。分析最終表明超我是被對自我來說依然不明的過程影響著。是有可能發現被壓抑在罪惡感之下的真正衝動。因此，在這種情況下，比起自我，超我更了解無意識的本我。

在憂鬱症中，超我對取得意識控制的意願更加強烈。但是在此種情況下自我不敢反對；自我承認它的罪惡並且服從懲罰。我們理解這種區別。在強迫性精神官能症中，問題的癥結點是具有自我之外令人生厭的衝動。而在憂鬱症中，超我遷怒的對象，透過身分認同被帶進自我。

是什麼能讓罪惡感在這兩種精神官能症中擁有如此強大的力量，還不是很清楚。但是這種事態所表現出來的主要問題，正

第五章　依賴關係

在另一個方向等著我們。有待論述完另一些罪惡感保持無意識的病例之後，再進行這方面的討論。

本質上來講，罪惡感是在歇斯底里和處於歇斯底里類型的狀態中被發現的。可以使罪惡感保持無意識的這種機制很容易被發現。歇斯底里性的自我利用超我批評產生的威脅，擺脫這種令人痛苦的感覺。同樣地，這種自我也習慣透過壓抑行為抵擋不受容忍的對象精力貫注。因此，使罪惡感保持無意識性的，正是自我。我們知道，作為規則，通常自我在運行中負責壓抑，並且遵照超我的意向行事；但是也有一種情況，在這種情況中，自我使用同樣的武器指向它的嚴厲監工。在強迫性精神官能症中，如我們所知，反向形成的現象占支配地位；但在這裡（歇斯底里中），自我只能與罪惡感所涉及之物保持一定距離才能成功。

有人會進一步大膽地假設：罪惡感的很大一部分必定是保留意識的。因為良心的起源與伊底帕斯情結有密切連繫，而伊底帕斯情結又屬於無意識的。假設有人想提出自相矛盾的觀點，即一個普通人既比他想像得更不道德，又比他所知道的更道德。這個觀點的前半部分基於精神分析學的發現，那麼精神分析學對這個主張的後半部分也沒有反對意見。

研究發現這種無意識罪惡感的增長，可以使人們變成罪犯，令人驚訝但毫無疑問，這是個事實。在許多罪犯當中，特別是那群年輕的罪犯，很可能發現在他們犯罪之前，已經存在很強

225

的罪惡感。因此這種無意識的罪惡感不是犯罪的結果，而是動機。如果能夠把這種無意識的罪惡感施加在一些真正的、直接的事情上，這好像就變成一種寬慰。

在所有這些情形中，超我顯示出對有意識自我的獨立性以及與無意識本我的緊密關係。現在，我們認為這種重要性是在自我的前意識言語痕跡中。那麼問題來了，是否存在這樣的情況：在無意識範圍內而言，超我存在於這些詞表象之中。如果不是，那它又存在於哪裡？初步回答將是，如同對超我來說是不可能的，自我也不可能從道聽塗說的事情中否認其起源：因為超我是自我的一部分，它透過這些詞表象（概念、抽象觀念）使自己接近意識。但是精力貫注的能量沒有從聽知覺（教學或閱讀）中獲得超我的內容，而是從本我的本源中獲得。

我們推遲回答的問題如下：超我如何表明它自己本質上作為罪惡感（或者，作為批判——因為罪惡感是自我中回應這種批判的感覺），以致如此嚴苛地對待自我？如果首先回到精神憂鬱症，會發現極端強大的超我控制著意識，並用殘酷暴力表達對自我的憤怒，好像它占有了人所具有的所有施虐性。按照我們的施虐狂觀點，可以說破壞性成分已經牢牢地盤踞在超我之中，與自我為敵。現在在超我中處於支配地位的，似乎是一種死的本能的純粹文化。事實上，如果自我不及時透過向躁症轉變，以阻擋這種殘暴，死的本能在使自我趨向死亡中經常獲得成功。在強迫性精神官能症的某種形式中，良心譴責是苦惱而

痛苦的。但是這種情況的表述並非那麼清楚。值得注意的是，相較於憂鬱症患者，強迫性精神官能症患者實際上從不採取自我毀滅的方式，就好像他可以避免自殺的危險，並遠比歇斯底里患者能更好地避免自殺。可以看到保護自我安全的事實：對象已經被保留。在強迫性精神官能症中，透過向性前期心理退行，有可能將對愛衝動轉變為反對對象攻擊的衝動。這裡破壞本能再次獲得自由，並開始試圖破壞對象，或者至少表現出有這種意圖。這些意圖還沒有被自我接受，它用反向形成和預防措施來與這些意圖對抗，它們存在於本我中。然而超我的行動像是自我對這些意圖負責，同時嚴厲懲罰這些破壞意圖，這些意圖表現出恨，這種恨不僅僅是退行引起的表象，也是愛的實際代替品。自我徒勞地在兩方面保護自己，即在反對凶殘本我的煽動和反對懲罰良心的譴責方面。自我至少成功地控制著兩方面最殘忍的行動；就它所能達到的範圍而言，第一種結果是無止盡地自我折磨，最終帶給對象一系列的折磨。

在個體中對危險的死的本能處理有不同方式：一部分透過與性成分融合而變得無害；一部分以侵略的形式轉向外部世界。同時，它們在相當程度上堅定地繼續著沒被阻礙的內部工作。那麼在憂鬱症中，超我是怎樣成為死的本能的聚合點呢？

從本能控制和道德的觀點來講，可以說本我是完全非道德的；自我力求道德；而超我則是超道德的，然後變得像本我特有的那般殘酷。值得注意的是，一個人越是克制他對外部的攻

擊性，在自我理想中的攻擊性就越嚴厲。普通的觀點對這種情況的看法正好相反：自我理想樹立起來的標準被視為抑制攻擊的動機。然而事實仍像我們闡述的：一個人越是控制自身攻擊性，他的自我理想對自我的攻擊傾向就越強烈。這就像一個置換，轉向他自己的自我。但是即使是非常普通的道德，都有嚴厲遏制的、殘酷禁止的特徵。從這一點上來講，無情施行懲罰的高等存在確實產生於此。

在沒有引進新的假設時，不能再進一步考慮這些問題。正如我們所知，超我來自把父親作為原型的身分認同。每一種這樣的身分認同都具有非性慾化的性質，甚至具有昇華作用的性質。現在好像當這種轉化發生時，本能的解脫也會同時發生。在昇華作用之後，性成分不再有能力結合過去與它連結在一起的整個破壞性。攻擊和破壞形式的傾向被釋放。這種解脫正是自我理想所展現出嚴厲、殘酷的基本特性——即專制武斷的「你必須」之來源。

此處重新思考一下強迫性精神官能症，這裡的描述有所不同。愛向攻擊轉變的解脫，並不是由自我產生的作用所引起，而是因為在本我中發生退行。但是這個程序已經超出本我到達超我，超我現在對無辜的自我更加嚴厲。但是，看上去在這個情況中，像在憂鬱症的情況中一樣，自我透過身分認同獲得對力比多的控制。但這樣做卻受到超我透過與力比多混合在一起的攻擊手段帶來的懲罰。

第五章　依賴關係

　　關於自我的觀念開始變得清晰，它各方面的關係也變得明瞭。現在我們了解有力的自我和軟弱的自我。自我被賦予重要的工作，憑藉自我與知覺系統的關係，它及時向心理過程下達指令，並使這些心理過程順從於「現實檢驗」。透過思想過程的介入，自我保護了動力釋放的延遲，控制了到達能動性的途徑。可以肯定，這最後的力量與其說是事實問題，倒不如說是形式問題；在行動方面，自我的地位像是立憲君主。沒有他的許可，任何法律都不能通過，除非在他把否決權強加在議會提出的條款上之前深思熟慮過。所有的生活經驗都豐富了自我；但是本我是自我的第二個外部世界，自我努力把這個外部世界征服於自己麾下。它從本我那裡提取力比多，把本我的對象精力貫注轉變到自我結構中。在超我的幫助下，以我們尚且不清楚的方式，吸取儲藏在本我中的過去經驗。

　　本我的內容可以透過兩種途徑進入自我：一種是直接的，另一種是由自我想像帶領的。自我的內容採取這兩種途徑中的哪一種，對於某些心智活動來說，都可能具有重要的決定性：自我從感知本能發展到控制它們，從服從本能發展到阻止它們。在這個過程中，自我想像占據很大部分。實際上自我想像是對抗本我本能過程的部分反相形成。精神分析學是使自我能夠逐漸征服本我的工具。

　　然而依照另一個觀點來講，把同一個自我看成服侍三個主人的可憐工具，因此受到三種危險威脅：來自外部世界的危險、

來自本我力比多的危險和來自超我嚴厲的危險。三種焦慮與這三種危險相互對應，因為焦慮是遠離危險的表現。自我作為邊界工具，試圖在世界和本我之間進行調解，使本我服從世界，依靠它的肌肉活動，使世界符合本我的意向。事實上，自我表現得像正在分析治療的醫生：帶著對真實世界的關注，自我把自己化為力比多對象提供給本我，目的在於把本我的力比多轉移到自己身上。它不僅是本我的幫手，而且還是迎合主人歡心的順從奴隸。它在任何時候都盡可能地與本我保持著良好的關係。它為本我的無意識指令穿上前意識合理化的外衣。即使事實上在本我頑固不屈的時候，它也佯裝服從現實的警告。它將本我與現實的衝突加以掩飾，如果可能，也將它與超我的衝突加以掩飾。處於本我和現實中間，它竟然經常屈服於誘惑而成為溜鬚拍馬者、機會主義者，以及像明白真理卻想保持大眾好感的政治家一樣撒謊。

對兩種本能，自我的態度是不公正的。透過它的身分認同作用和昇華作用，它援助本我中死的本能以獲得對力比多的控制。但是這樣做是冒著成為死本能對象的風險和自己死亡的風險。為了能夠提供這種幫助，它必須使自己充滿力比多，才能進而成為愛的本能的代表，並且從此以後總是期望活下去和被愛。

但是因為自我的昇華作用導致本能解脫和攻擊本能在超我中的解放，自我反對力比多的對抗，就使它陷入受虐待和死亡的風險中。在超我的攻擊中甚或在屈服於這些攻擊的苦難中，

第五章　依賴關係

自我的命運和原生動物一樣,這個原生動物被自己產生出來的分解物摧毀。從經濟的觀點來看,在超我中發揮作用的道德,就好比是類似的分解產物。

在自我的從屬關係中,它與超我的關係可能是最有趣的。自我是焦慮的實際所在地。在來自三個方面的危險恐嚇下,自我透過威脅感知或從被同樣看待的本我過程中收回其精力貫注,發展出「逃脫反射」(flight-reflex),並把這種精力貫注當作焦慮散發出去。之後,這個原始的反應由執行保護性精力貫注(恐懼症的機制)所代替。

還無法詳細說明自我究竟害怕什麼外部危險和力比多危險;可以明白的是這種害怕乃屬於使人不知所措或者被毀滅的恐懼,但它不能透過分析來掌握。自我單純地服從快樂原則的警告。另外,我們能夠辨別出自我懼怕超我、懼怕良心的背後隱藏著什麼。那些進入自我理想的高等動物,曾經預示了閹割的危險。這種對閹割的恐懼可能就成為一個核心,在其周圍聚集著隨之而來對良心的恐懼;就是這種閹割恐懼作為對良心的恐懼而持續作用。

「每一種恐懼歸根結柢都是對死亡的恐懼。」這個誇張的句子幾乎沒有任何意義,因為至少不能被證明是正確的。相反地,對我而言,把對一個對象的死亡恐懼(現實焦慮)和對精神官能症力比多的焦慮恐懼區分開來,才是完全正確的。這就使精神分析學遇到一個難題,因為死亡是含有否定內容的抽象

231

概念，我們沒有發現任何與死亡有關的無意識。死亡恐懼的機制似乎只能看作自我在相當程度上放棄它的自戀力比多精力貫注，即放棄它自己，正如在另一些使它感到焦慮的情況中放棄外部對象一樣。我相信死亡恐懼是發生在自我和超我之間的某種東西。

我們知道死亡恐懼在以下兩種條件下產生（並且這兩種條件與其他種類的焦慮發生條件完全相似），即作為對外界危險的反應以及內部過程，例如憂鬱症的情況。在這裡精神官能症現象可以再一次幫助我們理解正常人。

憂鬱症中的死亡恐懼只承認一種解釋：即自我放棄自己。因為它感到自己不被愛，而被超我憎恨和迫害。所以，對自我而言，生存與被愛——被超我所愛——具有相同的意義。超我在這裡再次作為本我的代表出現。超我執行同樣的保護和拯救功能，這一功能在早期是由父親來執行的，後來則由上帝或命運來執行。但是，當自我發現自己處於單憑自身力量無法克服極度真實的危險之中時，它一定會得出同樣的結論。自我發現自己被所有保護力量拋棄，隨之導致死亡。而且，這裡再次出現相同情況，就像處在嬰兒出生後的第一個巨大焦慮狀態和嬰兒的渴望焦慮，如同與保護他的母親分離而產生焦慮的情況一樣。

第五章　依賴關係

　　這些想法使我們將這種觀點納入考量：把死亡恐懼，像良心恐懼一樣，看作閹割恐懼的發展。在精神官能症中，罪惡感所具有的重大意義使人們相信，普通的精神官能症焦慮，受到在自我和超我之間產生的焦慮強化，進而發展為嚴重的病例。

　　最後，回到本我上。本我沒有向自我表達愛或恨的方式。不能說它需要什麼；它沒有獲得統一的意志。在本我中，愛的本能和死的本能處於對抗狀態；至此已經很清楚，一組本能使用某種武器來保護自己，並對抗另一組本能。這就有可能想像本我處於沉默但強大的死本能控制之下。死的本能的念想是和平，（在快樂原則的促進下）愛的本能使惹是生非者平靜下來；不過，這樣也許會小覷愛的本能所發揮的作用。

自我與本我

附錄 A ── 兩種無意識

在前文敘述中的兩句話，產生出一個令人頗感新奇的觀點。編者在來自歐內斯特・瓊斯（Alfred Ernest Jones）博士的私人信件中注意到它，那是瓊斯博士在整理佛洛伊德的信件時，無意間發現的。

1923 年 10 月 28 日，也就是本書出版幾個月之後，費倫齊在給佛洛伊德的信中寫道：「……我還是斗膽向您提出一個問題……在《自我與本我》一書中有如下段落，沒有您的解釋我無法理解……在第 13 頁我發現這樣的句子：『在描述性意義上有兩種無意識，但是在動力意義上只有一種。』無論如何，由於您在第 12 頁所寫的潛在無意識僅有非動力意義、描述性的無意識，透過思考我覺得它恰恰是需要假設有兩個類型的無意識方法動力線，而描述中得知只有意識和無意識。」[158]

佛洛伊德在 1923 年 10 月 30 日的回信中寫道：「……你對於《自我與本我》一書中第 13 頁的那段話提出的問題，著實令我感到驚詫。那裡的文字正好與第 12 頁的意義相反；而且在第 13 頁的句子中『描述性』和『動力性』被愚蠢地顛倒了。」

對這次意外事件，佛洛伊德的思慮不周。費倫齊提出的爭

---

[158]　均指在德文版中的位置，後文同。

附錄 A─兩種無意識

議其實基於一個誤解,然而佛洛伊德又太過草率地接受它。費倫齊評論背後的混淆不太容易釐清,另一個更加漫長的爭論在所難免。那麼,除去費倫齊外的其他讀者可能陷入同樣的錯誤,看起來實在有必要把這件事情徹底討論清楚。

將從佛洛伊德後來所講的前半段開始:「在描述性意義上有兩種無意識。」這句話的意思看起來十分明瞭:術語「無意識」在它的描述性意義下涵蓋兩個東西 ── 潛在無意識與被壓抑無意識。佛洛伊德其實可以把意思表達得更加透澈。可以將『兩種無意識(德語:zweierlei Unbewusstes)』的說法,轉換為描述性意義中含有『兩種無意識的東西』這樣明確的表述。另外,事實上費倫齊顯然誤解了詞句:他將那段話說成是術語『描述性無意識』具有兩種不同的含義。假如他正確地解讀則不會這樣:在描述性意義上使用的術語無意識,只可能有一種含義 ── 某物沒有意識。從邏輯術語學角度,他認為佛洛伊德所講的是這個術語的隱含意義,然而實際佛洛伊德指的僅是其表面意義。

現在來分析佛洛伊德的後半部分句子:「但是在動力意義上只有一種『無意識』。」看起來意義還是一樣清晰:術語「無意識」在它的動力性意義下只涵蓋一個東西 ── 被壓抑無意識。這是又一次關於這個術語字面意義的敘述;即便就它的隱含意義來說,正確的答案依然是 ── 術語『動力無意識』只能有一個意思。費倫齊憑藉「它恰恰是需要假設有兩個類型的無意識方法動力線」,持反對觀點。他再次誤解了佛洛伊德的原意。費倫

齊認為佛洛伊德說的是只要考慮「無意識」這個詞，就要把動力性這個因素牢記於心，從而知道它只有一個意義。當然，這與佛洛伊德所論證的每件事都正好相反。而佛洛伊德的真正意思是，全部動力意義上的無意識事物（也就是說被壓抑的）都歸於一類。費倫齊在用「無意識」標籤表示描述性意義的「無意識」時，情況發生些許的混亂——這是佛洛伊德自己在第 9 頁行文中的疏漏造成的。

如此看來，佛洛伊德後面這句話本身看來完全無可非議。但是正如費倫齊的建議（而佛洛伊德自己也同意），它是否與前一句牴觸呢？前面一句把潛在無意識當作「僅僅在描述性意義上的無意識，並不在動力意義上」。看來費倫齊認為這與後面的敘述——「在描述性意義上有兩種無意識」相互矛盾。但是這兩個敘述並不互相矛盾：潛在無意識只是描述性意義上的無意識，這個事實完全不包含它只是描述性意義上的無意識中唯一一件東西的意思。

確實，在佛洛伊德的《引論新講》（*Introductory Lectures*, 1916-1917 年）第 31 講裡有一段文字，是在本書大約出版十年後寫下的，在那段文字中全部爭論都用一些極相似的術語重複著。在那段文字中不止一次地解釋在描述性意義上，前意識與被壓抑的東西兩者都是無意識的，但是在動力意義上，這個術語卻限定在被壓抑的東西上。

必須指出，兩人的信件往來發生在佛洛伊德經歷極嚴重手

術之後的幾天裡。他還不能寫作（回函是用口授的），因此當時的條件可能不允許他周密地思考這個爭論。似乎正是如此，他經過深思，認為費倫齊的發現宛如海市蜃樓，因為在本書的最近幾版中，這段文字一直沒有改動。

附錄 B —— 性慾大倉庫

在第 25 頁的第一條頁下注裡提到這個問題,要理解它相當困難,並且於 45 頁有關於它的大篇幅討論。[159]

與之相似的說法第一次出現在《性學三論》(*Three Essays on the Theory of Sexuality*)第三版新增加的章節裡面,這個版本發行於 1915 年,原本佛洛伊德準備在 1914 年秋天就發表。原文如下(見《標準版全集》第 7 卷第 218 頁;「國際精神分析學文庫」版第 57 卷 84 頁):「自戀的或自我性慾就像一個大型倉庫,目標貫注力從這裡輸出,然後再一次被收回這裡;自我的自戀型性慾貫注屬於原始狀態,形成於童年早期,被後來的性慾產物所掩蓋,但其實一直在它們下面保持存在著。」

更早之前,相同的概念被佛洛伊德以另一個喜歡使用的類比所表達,有時候作為另一種說法出現,有時和『大倉庫』這個詞伴隨出現。[160] 這個段落在佛洛伊德於 1914 年上半年所寫的、關於自戀本身的論文之中(見《標準版全集》第 14 卷 75 頁)出現過,他寫道:「這樣,便確立了自我的原始性慾貫注,後來,一部分傳遞到目標對象,但前者是基本且持續的,它與貫

---

[159] 均指在德文版中的位置。
[160] 這個類比初次出現在《圖騰與禁忌》(1913 年)的第三講(見《標準版全集》第 13 卷第 89 頁)。

注對象的關係十分類似於一隻變形蟲的身體和它伸出的偽足之間的關係。」

兩個類比同時出現在 1916 年底,為匈牙利語刊物撰寫的一篇半通俗論文[161]中:「自我就是一個龐大的倉庫,性慾從這裡流向那些對象,又從對象那裡逆流回來。假想這種事物的狀態,如同一隻變形蟲從它的黏性物質中伸出偽足。」

這隻變形蟲再次出現是在《引論新講》中,日期標明為 1917 年;而倉庫再次出現則是在《超越快樂原則》(1920 年,《標準版全集》第 18 卷第 51 頁;「國際精神分析學文庫」第 4 卷第 45 頁):「心理分析學⋯⋯得到的結論為自我是性慾真正的原始倉庫,性慾只從那個倉庫向對象伸展。」

佛洛伊德將極其相似的段落納入在 1922 年夏季所寫的一篇百科全書條目(1923 年,《標準版全集》第 18 卷第 257 頁)當中,然後幾乎緊接著就宣布了本我,宛如是對他早前論述的強烈糾正:「現在我們已經區分自我和本我,必須意識到作為性慾大倉庫的本我⋯⋯」又說:「在最一開始,全部的性慾都積聚在本我當中,那時自我尚在形成過程中或者還很微弱。本我向情慾對象貫注輸送部分性慾,正好自我在這時已經成長完善,試圖掌控這個對象性慾,並強制自身成為本我的愛的對象。自我的自戀狀況就是這樣繼發的,它是從對象中抽離出來的。」

---

[161] 〈精神分析之路上的難點〉(*A Difficulty in the Path of Psycho-Analysis*, 1917年),《標準版全集》第 17 卷第 139 頁。

新的闡述看起來十分清晰明瞭,因此它對接下來的敘述造成一點點干擾,此敘述寫於《自我與本我》之後一年左右的時間,在《自傳研究》(*Autobiographical Study*, 1925 年;《標準版全集》第 20 卷第 56 頁)中:「縱觀實驗對象的一生,他的自我仍然是性慾的大倉庫,從這裡發出對目標的貫注力,性慾還能夠從目標倒流回這裡。」[162]

在心理分析學發展的簡史裡,正好出現這句話,但是在《自我與本我》當中,還沒有改變觀點的跡象。最後,在佛洛伊德最後幾部著作裡面,再次出現這段話,寫於 1938 年、發表於 1940 年的《心理分析概論》(*Outline of Psycho-Analysis*)第二章中:「性慾在本我和超我當中的行為,很難用話語來描述。我們所知的全部性慾,其一切都與自我有關,首先性慾全部可用的定額都保存在自我中。我們把這種狀態稱作絕對原型自戀(absolutely primary narcissism)。它持續到自我開始把帶有性慾的精力集中於其他對象,也就是自戀型性慾轉移成為對象型性慾的時候。自我的生命全程始終是性慾的大倉庫,從這裡發出對目標的性慾貫注力,也從這裡收回返回的貫注力,就像一只變形蟲和偽足的相互作用。」

後來的這些段落是否暗示佛洛伊德收回先前作品中表述的觀點呢?這確實令人難以置信,不過有兩處可以幫助調和表面看來相互衝突的觀點。第一處並不顯著。倉庫的類比從本質上

---

[162] 在《引論新講》第 32 講(1933 年)裡,有幾乎完全相同的論述。

附錄 B—性慾大倉庫

來說，是模稜兩可的概念：一個具有儲藏作用的東西，既可以視為裝水的桶子，也可以看成供水的水源。把兩種意義的想像都應用在自我和本我上，沒有什麼太大的困難，假若佛洛伊德把自己頭腦中的圖樣闡述得更精準，被引用的多個段落一定得以釐清 —— 特別是第 25 頁尾註的那一段。

這第二處相對來說更為重要。《引論新講》中，上面注釋裡提到的那段話後面只有寥寥幾頁，在討論受虐狂的題目下，佛洛伊德寫道：「如果破壞本能確實存在，那麼自我 —— 其實在我們腦子裡所想的寧願是本我，即整個人原本便包括全部本能的衝動……」誠然，此處的插入語是指事情的原始狀態，在這一狀態中本我和自我還沒有分化。並且在《概論》中還有一個相似的、但更為明確的評論，此處引用的兩段位於先前引用的段落之前：「我們把這樣的最初狀態描述為愛本能的全體有用能量 —— 這個能量稱為力比多 —— 以仍未分化的自我 —— 本我（ego-id）形式存在於其中的狀態……」如果把這個當作佛洛伊德理論的真正本質，則其表述中對這個問題的表面衝突就減弱了。這個「自我 —— 本我」才是「性慾的大倉庫」作為水塔意義的原型。在分化產生後，本我會繼續作為水塔，但當它開始輸出貫注力（對外部對象或是對現已分化的自我），同時也就成為供給源。而自我方面也一樣，它會是自戀型性慾的水塔，同時對外部對象貫注來說是供給源。

不管怎樣，上述最後一點使我們遇到一個更深層的問題，這個問題讓人不可避免地猜測，佛洛伊德在不同時期針對這一點抱持不同的觀點。在《自我與本我》中是這樣論述的：「在最一開始，全部的性慾都積聚在本我當中」；然後，「本我向情慾對象貫注輸送部分性慾」，自我試圖透過強制自身作為本我的愛的對象，來控制這個情慾對象貫注，「自我的自戀狀況就是這樣繼發的」。但是在《概論》裡，則是這樣敘述：「首先，性慾全部可用的定額都保存在自我中」，「我們把這種狀態稱作絕對原型自戀（absolutely primary narcissism）」和「它持續到自我開始把帶有性慾的精力集中於其他對象」。兩個不同的過程似乎在這兩種敘述中被設想。第一段中，原始的對象貫注力被設想成是直接從本我之中跑出來，接著只是間接地接觸自我；第二段中，全部的性慾則被設想成從本我來到自我，而只是間接地接觸到外部對象。兩個過程看起來並非相互矛盾，並且可能同時發生，但是在這個問題上，佛洛伊德保持了沉默。

國家圖書館出版品預行編目資料

超越快樂原則，佛洛伊德經典選輯：死之本能 × 愛與催眠 × 野蠻群眾，佛洛伊德告訴你，內在衝突從何而來？ /[奧] 西格蒙德‧佛洛伊德（Sigmund Freud）著，周珺 譯 . -- 第一版 . -- 臺北市 : 樂律文化事業有限公司 , 2025.05
面 ； 公分
POD 版
ISBN 978-626-7699-33-1(平裝)
1.CST: 佛洛伊德 (Freud, Sigmund, 1856-1939) 2.CST: 學術思想 3.CST: 精神分析學
175.7　　　　　　　　114005719

電子書購買

爽讀 APP

臉書

超越快樂原則，佛洛伊德經典選輯：死之本能 × 愛與催眠 × 野蠻群眾，佛洛伊德告訴你，內在衝突從何而來？

作　　者：[奧] 西格蒙德‧佛洛伊德（Sigmund Freud）
譯　　者：周珺
責任編輯：高惠娟
發 行 人：黃振庭
出 版 者：樂律文化事業有限公司
發 行 者：崧博出版事業有限公司
E - m a i l：sonbookservice@gmail.com
粉 絲 頁：https://www.facebook.com/sonbookss/
網　　址：https://sonbook.net/
地　　址：台北市中正區重慶南路一段 61 號 8 樓
8F., No.61, Sec. 1, Chongqing S. Rd., Zhongzheng Dist., Taipei City 100, Taiwan
電　　話：(02) 2370-3310　　傳　　真：(02) 2388-1990
律師顧問：廣華律師事務所 張珮琦律師
定　　價：330 元
發行日期：2025 年 05 月第一版
◎本書以 POD 印製